EL BUEN SEXO

andamio

"He leído mucho material sobre sexualidad en mis 35 años como consejero y pastor especializado en este tema. Mi propia vivencia con una adicción a la pornografía me 'obligó' a hacerlo para sanar bien, mental, espiritual y físicamente. En todos estos años, he tenido que buscar mucha información en inglés porque en español no logré encontrar algo actualizado, bien informado, académicamente preparado y sin tabúes religiosos. Este libro de Kari creo que lo tiene todo; es un libro que puedo recomendar con agrado y con la confianza de que será de bendición a cristianos y no cristianos que quieran educarse en el profundo tema de la sexualidad sin culpa".

Dr. Ricky Marroquín
Pastor y consejero
Fundador de libresencristo.org y mentemorfosis.org

"Vivimos en una generación erotizada, donde el sexo es visto de manera egoísta y poco trascendente, sin medir sus consecuencias. En contraste con esta realidad, la Palabra de Dios nos enseña la belleza de su diseño, lo hermoso del placer sexual en el matrimonio.

Me parece muy oportuno que la iglesia sea equipada para poder enseñar al mundo cómo celebrar la intimidad sexual a la manera de Dios.

Kari Clewett nos presenta en este libro una explicación sencilla y directa acerca del Buen Sexo, el sexo que Dios diseñó para su gloria y nuestro disfrute en el matrimonio. Oramos que este aporte bendiga tu vida, matrimonio y ministerio".

Dra. Cornelia Hernández de Matos
Autora del libro Puro sexo puro: Un regalo de Dios
para toda mujer que anhela un matrimonio pleno

"Nos hemos hundido a tal profundidad en la locura sexual, que declarar lo obvio acerca del sexo se ha convertido en el acto valiente de los sabios. Estoy convencido de que Kari Clewett es una de esas sabias valientes de nuestra era, que ha sido levantada por Dios como una voz clara en medio de tanta confusión para elevar el sexo a su posición original usando la Biblia, la ciencia y su experiencia como terapeuta".

Itiel Arroyo
Predicador, mentor y autor de Incendiario

SI DIOS CREÓ EL SEXO, NOSOTROS
DEBEMOS SER **LOS MAESTROS**

EL BUEN SEXO

KARI CLEWETT

Psicóloga, sexóloga y terapeuta de pareja

ÍNDICE

Qué es el Buen Sexo y por qué le importa a Dios

¿Te ha dado vergüenza comprar este libro o tenerlo siquiera en la mano? La sociedad está hipersexualizada, pero eso no evita que siga siendo tabú hablar de forma respetuosa y clara sobre el sexo. La meta de este libro es cambiar eso. Quiero prepararte con información desde una perspectiva cristiana y científica.

Para escribir este libro, he reunido toda mi formación —estudios teológicos de la Biblia— y mi profesión de psicóloga y sexóloga, sumados a la lectura de libros y artículos, y horas de conversación tanto dentro como fuera de mi despacho, para traerte capítulos digeribles, que sean fáciles de entender, recordar, argumentar y aplicar en la vida.

El problema actual es que las personas que tienen preguntas sobre el sexo no están yendo a la iglesia ni a los cristianos para recibir respuestas. Pero, si Dios creó el sexo, los cristianos debemos ser los maestros.

Entonces, déjame enseñarte lo que yo he aprendido para que tú puedas enseñárselo a la persona siguiente. Solo así podremos traer luz sobre este tema que tantas veces es tan confuso. Para ello, permíteme ofrecerte algunas indicaciones sobre qué te vas a encontrar, para quién lo he escrito y cómo leerlo. Y, antes de eso, déjame contarte sobre quién soy yo.

¿Quién soy yo para escribir este libro?

Soy Kari Clewett, hija de pastores misioneros que llegaron a España en el año 1991. Mi infancia, adolescencia y primera juventud las pasé fundando iglesias y puntos de misión con mis padres, donde llegué a trabajar durante años como pastora de jóvenes.

Con 16 años, ya empecé a dar "charlas de sexo" a las chicas en los campamentos de verano, sobre todo porque nadie más las quería impartir. ¡Reconozco que en ese momento no tenía ni idea de nada! (Si las pudiera repetir, te aseguro que esas charlas serían muy diferentes).

En el 2008, me fui a Suiza a realizar un curso especializado e intensivo de estudios bíblicos. Durante ese tiempo, me dediqué a estudiar la Biblia en profundidad y dejar que eso impactara cada área de mi vida. Y eso queda reflejado en mi trabajo de sexología hoy en día.

En mi carrera profesional, me licencié como psicóloga con un enfoque en niños y adolescentes. Al poco tiempo de trabajar solo con niños, me di cuenta de que la solución del problema solía requerir conectar con los padres también. Al ampliar y hacer terapia familiar, lo cual incluía a los padres, detecté a menudo que el dolor estaba más dentro de la pareja que en sus hijos. Y fue entonces cuando hice mis primeras sesiones de parejas.

En 2012, mientras avanzaba con mi carrera y ampliaba y modificaba mi rango de intervención, me casé, pensando que lo tenía todo resuelto. Dios, marido, buen trabajo: era un sueño hecho realidad.

Pero casarme no era como me lo había imaginado. Pensé que lo había hecho todo "bien". Aun así, teníamos problemas en el sexo y en la comunicación. Yo, psicóloga especializada, capaz de ayudar a los demás, era incapaz de solucionar mis problemas. *¿Quién me ayudaría a mí?*

> Pensaba que lo tenía todo resuelto. Dios, marido, buen trabajo: era un sueño hecho realidad. Pero casarme no era como me lo había imaginado.

Mi crisis matrimonial acabó con una separación y luego un divorcio. No lo entendía. ¿Cómo era posible no encontrar información y ayuda en castellano en los entornos cristianos para temas como la infidelidad, la pornografía, la brecha en el deseo y otras cosas que afectaban de forma devastadora al matrimonio? ¡A mi matrimonio!

Frustrada, exclamé: *¡Alguien debería hacer algo para remediarlo!*

Y allí me susurró Dios:
¡Tú puedes ser ese alguien!

Créeme, ¡en aquel momento no quería ser ese alguien! Sin embargo, decidí ser obediente y me centré en formarme para ayudar a parejas cristianas que estuvieran en crisis.

Me gradué en un máster en sexología y terapia de pareja y seguí un par de años como docente de esa misma materia. En conferencias y talleres, impartía todo lo que había aprendido en el máster de sexología, pero añadía los estudios bíblicos que tenía. Me di cuenta de que la iglesia quería saber más y de que lo que compartía parecía llenar un vacío de información existente.

Puse en palabras mi deseo: "**Quiero devolver el Buen Sexo a la iglesia**".

Creé un gabinete virtual de psicólogos-sexólogos cristianos, "el equipo del Buen Sexo", para poder servir a todos los matrimonios e individuos cristianos que quisieran atención psicológica en esta área, con alguien que estuviera alineado con su fe.

Di conferencias y talleres del Buen Sexo *online*, y acabé grabando un curso digital llamado "El Buen Sexo". Tanto matrimonios como solteros e iglesias enteras resultaron muy impactados para bien. ¡Era increíble!

Para poder llegar a más personas, y ya con la ayuda del equipo del Buen Sexo, creamos un blog y un pódcast para seguir difundiendo todo lo que Dios nos estaba enseñando a través de la Biblia, nuestros estudios y nuestras especialidades profesionales.

Como equipo, hemos encontrado una profunda hambre sobre el tema, mucho más allá de lo que podemos atender persona a persona. Por eso, ahora es el momento de escribir este libro. Lo que tienes entre manos es mi intento de agregar años de experiencia de mi práctica con los pacientes, con las preguntas y otros miles de testimonios que he recibido en las redes sociales, conferencias y talleres, para permitir que aún más personas tengan acceso a la información del Buen Sexo.

¿Qué te vas a encontrar?

Para que podamos defendernos y entender los temas de la sexualidad, hay que usar los términos y definiciones correctos. A lo largo de este libro, voy a utilizar los nombres anatómicos de los genitales (e incluso vas a ver imágenes dibujadas de ellos) y ciertas descripciones de las relaciones sexuales. En ningún momento mi intención es ser vulgar, sino todo lo contrario: hablar con claridad, honra y respeto. Tener información real y verdadera nos protege y puede prevenir situaciones de abuso o mal uso. Mi meta es romper la ignorancia, manteniendo la inocencia.

Puede que haya palabras o expresiones que suenen fuertes o hasta feas. Para algunas personas será porque las han asociado a vergüenza o a suciedad, aunque son los nombres reales (pene, vagina, vulva, etc.). Sin embargo, te quiero decir algo: ¡lo que Dios ha creado no es sucio! Debido a nuestra imperfección, mucho de lo diseñado por Dios necesita tener un cuidado y un marco de protección, pero no deberíamos llegar a creer que es sucio o un tabú. Te ruego que ores antes de leer y que Dios pueda traer luz y libertad a través de estas páginas.

Si en algún momento algo te provoca ansiedad, miedo, tristeza profunda (y no sabes por qué) o despierta algo negativo en ti, detente y pide ayuda (hay todo un anexo para ayudarte en este paso al final del libro). Hablar de la sexualidad puede abrir traumas del pasado que querrías trabajar con un profesional, un mentor o una figura pastoral.

A lo largo del libro, encontrarás historias basadas en situaciones reales que he trabajado en la consulta. He cambiado nombres y a veces he combinado historias para guardar la privacidad de mis pacientes.

El concepto más grande e importante que encontrarás es el Buen Sexo (escrito en mayúsculas porque es un nombre propio, describe un concepto específico). Aquí te dejo una sencilla definición escrita, por si la quieres volver a consultar en cualquier momento.

> Tener información real y verdadera nos protege y puede prevenir situaciones de abuso o mal uso. Mi meta es romper la ignorancia, manteniendo la inocencia.

El Buen Sexo trata de las relaciones sexo-afectivas, como concepto amplio, que Dios ha ideado para el matrimonio entre un hombre y una mujer. El Buen Sexo tiene estos tres escalones que lo definen: es *íntimo, mutuo y consentido* y *placentero.*

Por otra parte, **la educación en el Buen Sexo** es educar en la sexualidad, como concepto amplio, basado en la Biblia, sea o no que la persona esté teniendo relaciones sexuales.

> El Buen Sexo trata de las relaciones sexo-afectivas, como concepto amplio, que Dios ha ideado para el matrimonio entre un hombre y una mujer. El Buen Sexo tiene estos tres escalones que lo definen: *íntimo, mutuo y consentido* y *placentero.*

Por último, quiero explicar a qué me refiero cuando digo "**iglesia**". No me refiero a una en especial, ni siquiera a una denominación, confesión o estilo. Me refiero a todas las personas que se consideran cristianas, hijos o hijas de Dios.

¿Para quién es este libro?

Principalmente **para los matrimonios**, tanto para él como para ella, idealmente para ser leído entre los dos. Quiero darles conocimiento para avivar la relación, entregando consejos y ayudas para que el sexo se vea con una nueva mirada. Espero que este libro abra un nuevo capítulo en la intimidad.

También he escrito este libro para **los consejeros o profesionales** que acompañan a los matrimonios. Mi intención es definir bien las palabras y conceptos de psicoeducación que quizás se conocen, pero no se saben describir, y así ofrecer un marco de trabajo eficaz y saludable.

Los padres, líderes y pastores pueden encontrar en este libro fundamentos para traer una sana educación a los que están bajo su influencia. La información contenida aquí les ayudará a prevenir mal usos, abusos y educar desde la perspectiva de la belleza que Dios ha creado y no enfatizar solamente las prohibiciones.

¿Y para el **soltero**? ¡También puedes aprender de este libro! Aunque esté dirigido a los casados, todos necesitamos entender cuál es la visión de Dios acerca del sexo y la sexualidad, y cómo podemos alcanzarla de una manera plena a través de la unión sexual reservada para el matrimonio. He marcado las secciones más explícitas de forma específica para casados con la imagen de al lado. Es bueno romper la ignorancia y puedes leer esas secciones sin problema; pero, si despiertan cosas que no corresponde o prefieres no tener aún esa información, puedes saltártelas.

Este libro está dirigido a cristianos, personas que creen que la Biblia es verdad y quieren caminar a la luz de ella. Si ese no es tu caso, te invito a seguir leyendo igualmente y contrastarlo con tus vivencias y creencias, ya que, quizás, puedes descubrir en estas páginas algo que traiga transformación para tus relaciones o tu entendimiento del sexo.

Voy a aportar referencias científicas y conceptos desde la psicología, la biología y la medicina para revelar más sobre cómo funciona el cuerpo y la mente, y cómo eso puede ayudar a comprender la visión de Dios sobre el sexo y la sexualidad. Al final, toda la creación le pertenece. Entonces, aprender sobre la ciencia y cómo él ha creado las cosas, nos desvela algo sobre Dios también.

Si, como yo, quieres que la iglesia sea una fuente de información sobre el sexo, ¡estás en el lugar correcto!

¿Cómo leer este libro?

Quiero traer esperanza a los matrimonios y ayudarles a ver que el Buen Sexo es alcanzable. No es una barra de equilibrio en la que resulta imposible caminar sin caerse, sino una diana a la que apuntar, un camino pavimentado amplio que guía en la dirección correcta. Es algo que Dios desea que tengas en tu matrimonio. Para demostrártelo, desarrollaré cada uno de los escalones del Buen Sexo en su propia sección dentro de este libro:

1. *Íntimo*
2. *Mutuo y consentido*
3. *Placentero*

Dentro de cada sección, definiré el concepto con referencias a la Biblia y con herramientas científicas para comprender lo que Dios ha creado y cómo ir construyendo y fundamentando tu matrimonio en los tres escalones para tener el Buen Sexo. A través de cada capítulo, te encontrarás con ejercicios prácticos que te animo a realizar, aunque eso haga que tardes un poco más en leer. Recuerda, este libro se lee mejor en pareja; entonces, incluye a tu cónyuge en la lectura siempre que puedas.

Al final de cada sección hay un capítulo dedicado a cómo ha sido dañado el sexo divino y cómo poder reenfocarlo. Esto te ayuda a diferenciar entre el *Buen Sexo* y el sexo malo.

> Dios creó el sexo, así que nosotros, sus hijos e hijas, debemos ser los maestros.

En la última sección, acabaré con un reto para ti, para que te unas a mí en compartir con otros sobre el Buen Sexo y seas parte de un movimiento en el que la iglesia se convierta en una fuente de información verdadera. Dios creó el sexo, así que nosotros, sus hijos e hijas, debemos ser los maestros.

Te animo a sacar un bolígrafo, un marcador y la Biblia, y a leer con el corazón abierto. Subraya los textos que te llamen la atención y rodea con un círculo, palabras, versículos o conceptos que no quieres olvidar.

Es más, ¡no lo leas solo! Regala un libro a otra persona o escoge a alguien con quien compartir tu ejemplar. ¡Sí, hasta se puede leer en grupo! En el caso de los casados, por favor, comparte este libro con tu pareja y discute (con amor) cada capítulo. Te aseguro que una clave para entender las cosas de Dios es procesarlas en comunidad. Así, andaremos en un mismo camino, eliminaremos los tabúes en nuestro medio y traeremos una educación sobre el Buen Sexo a nuestro entorno.

¡Así se devuelve el Buen Sexo a la iglesia!

1

Sexo y Dios
en la misma frase

¿Se puede hablar del sexo en la iglesia? Yo creo que no solo se puede, sino que se debe.

Hace unos años vino un amigo a visitar nuestra comunidad en Barcelona. Él nos habló de que la religión cristiana es la más "obesa" del mundo y que muchas personas estaban acudiendo a otras religiones para aprender a cuidar su salud física. Pero, si Dios creó el cuerpo, ¿por qué la gente acude a otras religiones para saber cómo cuidarlo?

En ese momento relacioné esa idea con la sexualidad y empecé a hacerme preguntas:

- ¿Por qué las personas buscan respuestas sobre el sexo y la sexualidad fuera de Dios? (Para dar un ejemplo: si compras un iPhone, ¿por qué irías a Samsung para saber cómo funciona?).

- ¿Por qué los matrimonios cristianos consultan a fuentes externas al Creador?
- ¿Cuál es el propósito del sexo según su Autor?
- ¿Cómo debe funcionar?
- Y, si hay problemas, ¿cómo los solucionamos en un contexto conforme a nuestra fe, teniendo en cuenta el hecho de que somos creados a imagen de Dios?

Esta cita de Philip Yancey resume el enigma:

> En ninguna otra esfera los cristianos se han equivocado tanto como en esta en cuanto al cometido que tienen de presentar una visión convincente de la sexualidad. Fuera de la iglesia, la gente ve a Dios como el aguafiestas de la sexualidad y no como su inventor. Pero, si el cristianismo tiene sentido, debería materializarse en esta área.[1]

Empecé a indagar en el sexo conforme a estas líneas y llegué a la siguiente conclusión: si Dios creó el sexo, nosotros, sus hijos, debemos ser los maestros. Si es cosa de Dios, debe ser cosa nuestra también.

Dios nos da su Palabra (la Biblia) y otras herramientas, como la ciencia, para examinar a fondo el ser humano y la sexualidad. Podemos descubrir su plan divino. Así que creo que la iglesia no solo puede hablar de sexo, sino que debería ser una de las fuentes primordiales de información sana sobre este tema.

> Si Dios creó el sexo, nosotros, sus hijos, debemos ser los maestros. Si es cosa de Dios, debería ser cosa nuestra también.

Ejercicio
Sexo bueno o sexo malo

No lo pienses demasiado, déjate llevar y responde lo primero que se te ocurra. Sería ideal rellenar la parte 1 antes de leer el libro y luego volver a ella de nuevo al acabarlo.

Parte 1: El sexo

(La segunda parte de este ejercicio se encuentra en el capítulo 10 y debe ser completada al finalizar la lectura del libro).

Cuando piensas en la palabra "sexo" y el acto o el comportamiento, ¿qué te viene a la mente?

A. ¿Qué significa para ti?

B. ¿Qué comportamientos incluye? ¿Hay algunos que quedan estrictamente excluidos?

C. ¿Qué emoción te hace sentir la palabra "sexo"?

D. ¿A qué palabras o cosas lo asocias?

Una vez que tengas esta lista, vuelve a mirarla y fíjate en si lo que aparece es positivo, negativo, neutro o una mezcla. Puedes usar colores diferentes para subrayar y diferenciar lo positivo de lo negativo.

¿Sexo bueno o sexo malo?

Cuando escuchas la palabra "sexo", ¿qué definición te viene a la mente? Para ayudarte, he preparado el ejercicio anterior. La idea es que lo puedas pensar y rellenar, para que descubras qué piensas sobre este tema y, al finalizar el libro, ver hasta dónde has llegado con tu entendimiento de "sexo".

¿El sexo es bueno? ¿Es malo? ¿Se queda en algún punto entre bueno y malo? Veamos.

Vivimos en un mundo obsesionado con el sexo. Todo vale y, en ese sentido, para muchas personas, cualquier actividad sexual es buena y lícita. En esa perspectiva, *todo* sexo es bueno. Sin embargo, por otro lado, la iglesia suele esconder o condenar el sexo para evitar que los cristianos lo practiquen fuera o antes del matrimonio. Por eso, algunos cristianos colocan al sexo en la categoría "malo" y se alejan de ello para intentar mantenerse lejos de cualquier pecado sexual. Te lo cuento en una pequeña historia:

> *Santi llegó a la consulta feliz porque había conseguido dejar la pornografía. Su estrategia para combatir el porno fue verlo como asqueroso, y funcionó. Lo que no contaba era que ahora no tenía ningún deseo de estar con su esposa. Su estrategia de ver el porno como malo acabó generalizando una perspectiva de que todo el sexo era malo.*

Estas generalizaciones de todo malo o todo bueno no nos vienen bien; no sirven. Necesitamos separar lo bueno de lo malo. Para ser claros, estoy de acuerdo en que **es inmoralidad sexual todo acto sexual fuera del matrimonio entre un hombre y una mujer.** No es lo que Dios quiere, es pecado y puede tener consecuencias negativas en muchas áreas de la vida, incluido el matrimonio.

Lo que quiero indicar es que el sexo en sí no es malo categóricamente. Tampoco es que cualquier actividad sexual sea buena categóricamente. El sexo es creación de Dios y necesitamos dos conceptos para entender que hay un sexo bueno (que agrada a Dios y es saludable para nosotros) y un sexo malo (que no agrada a Dios y no es bueno para nosotros). Y poder diferenciar entre el sexo bueno y el malo nos permite "huir de la inmoralidad sexual" (huir del sexo malo) sin ver el sexo en sí como algo sucio (cuando realmente es creación divina). En este libro quiero darte toda la información que necesitas para definir y defender el sexo bueno (el Buen Sexo) y para diferenciarlo del sexo malo.

Lo primero será darte una definición amplia del sexo bueno para que la podamos ir desgranando en los próximos capítulos.

¿Qué es el Buen Sexo?

No sé qué definición habrás puesto en el ejercicio anterior, pero la mayoría de las personas definirían "el sexo" como relaciones genitales con penetración. Estudiando la Biblia me di cuenta de que esa definición es demasiado restringida para todo lo que Dios ideó y lo que él ha entregado a los matrimonios. Y ahí nació el concepto del Buen Sexo.

Como se ha explicado en la introducción, **el Buen Sexo** trata de las relaciones sexo-afectivas, como concepto amplio, que Dios ha ideado para el matrimonio entre un hombre y una mujer. El Buen Sexo funciona cuando la pareja ha ido construyendo y escalando los tres escalones: *íntimo*, *mutuo y consentido*, y *placentero*.

Este concepto no es invento mío. Las características de íntimo, mutuo y consentido, y placentero, las leí junto a otras en un libro[2] y luego he ido desarrollando y ampliándolas con otros

> El sexo que Dios ha diseñado es *íntimo, mutuo y consentido,* y *placentero.* Es el Buen Sexo.

estudios a lo largo de los años. Pero, más que eso, el Buen Sexo es invento de Dios. Por eso se le ha puesto el adjetivo "buen", para poder diferenciarlo de la mera penetración o de otras interpretaciones de la palabra "sexo". Escribo Buen Sexo con mayúsculas porque representa un concepto único, amplio y creado por Dios.

A lo largo de las siguientes páginas lo exploraremos a fondo. Por ahora, es suficiente decir que el concepto divino del sexo es revolucionario.

Dios ha creado algo tan poderoso que necesita un marco protector e indisoluble (el matrimonio entre un hombre y una mujer) para contenerlo. Y el matrimonio cristiano es algo verdaderamente profundo e increíble. En este libro nos vamos a centrar más en el sexo que en el matrimonio, pero te dejo un párrafo del teólogo Ray Ortlund para entender a lo que me refiero con matrimonio:

> El romance eterno —que en última instancia no es el amor de la pareja que se casa, sino el amor de Jesús por nosotros y nuestra deferencia gozosa hacia Él—, la historia de amor eterno, es la razón por la cual Dios creó el universo, por la que nos dio el matrimonio en el Edén y por la que las parejas se enamoran y se casan en el mundo de hoy. Cada vez que una novia y un novio se levantan y toman sus votos, están recreando la historia de amor bíblica, sean o no conscientes de ello. El Hijo de Dios, que dejó la eternidad para entrar en el tiempo, se encarnó, buscó y ganó a su novia como

su propio corazón y cuerpo, con su amor más íntimo y sincero, para prepararla para estar con Él por siempre en los cielos. Esa dramática superrealidad es la impresionante razón por la que existe el matrimonio humano. Es verdaderamente profundo. Y los matrimonios cristianos tienen el privilegio de hacer visible el misterio del evangelio en el mundo de hoy al vivir la interacción dinámica de un matrimonio de la calidad de Efesios 5.[3]

Me fascina ver cómo Dios permite que los humanos hagamos visible el evangelio. Como iglesia, todos somos la novia de Cristo y tenemos el privilegio de mostrar un pequeño destello de esta realidad ahora. Los casados, además, tienen el honor de representar el amor de Cristo a través de su relación.

Dentro del matrimonio, deberían existir relaciones sexuales como un símbolo de conexión y un recordatorio constante de la promesa que la pareja pacta en el "sí, quiero". El sexo es un acto de amor y de compromiso que da la posibilidad de crear vida a través de la procreación, y donde debería fluir el placer y disfrute mutuo. El sexo provoca un movimiento químico que puede aligerar el dolor, bajar la ansiedad, proteger de enfermedades, aumentar el vínculo, crear conexión y provocar sentimientos de satisfacción profundos.[4]

Por desgracia, muchos matrimonios no entienden así el sexo. Algunos han quedado convencidos de que, entre otras cosas, el sexo se reduce a la penetración. La pornografía, la masturbación, la falta de deseo, la ausencia de comunicación, la falta de intimidad, el dolor en la penetración y muchas cosas más han entumecido el sexo dentro del matrimonio.

Demasiados matrimonios se están rompiendo. Muchos se disuelven por problemas en el área sexual, por no sentirse satisfechos, no sentirse vistos o por haber sido traicionados. Piensan que la ausencia de deseo o de sexo es igual a la falta de amor, y pierden la esperanza en su matrimonio.

> El sexo se ha reducido a la penetración y está robando a los matrimonios su posibilidad de disfrutar del Buen Sexo.

Pero cuando entendemos la amplitud y la plenitud del sexo como Dios lo diseñó, debe provocar un asombro. Comprender su creación nos ayuda a cuidarla y tomar decisiones apropiadas para cada etapa de nuestras vidas.

Un reto para todos

Parece que el sexo y Dios no suelen ir en la misma frase. En general, una pareja que busca un consejo sexual o ayuda en esta área, no suele pedírselo a Dios ni acudir a su iglesia para conseguir respuestas. Como cristianos, hemos permitido que la sociedad tenga todo el protagonismo sobre el sexo, y la iglesia ha caído muchas veces en la ignorancia.

¡Rompamos la ignorancia! Podemos mantener la inocencia mientras revelamos la visión de Dios sobre el sexo. Estudiemos la creación y seamos expertos. ¡Enseñemos a otros lo que hemos aprendido y seamos maestros del Buen Sexo!

Con esto en mente, empecemos por el principio, por el primer escalón. El Buen Sexo es *íntimo*.

EL
BUEN

PARTE UNO
Íntimo

SEXO

2

En el principio Dios creó un ser humano hambriento de intimidad

La sociedad hoy en día nos quiere convencer de que el sexo no debe ser algo guardado para el matrimonio y que tener relaciones sexuales fuera del pacto matrimonial no tiene ninguna consecuencia. Es más, muchos ni siquiera lo consideran algo íntimo. Mira esta pareja:

Paco y Lily llevan 6 meses saliendo. Se acuestan juntos desde la primera noche. Lily ha invitado a Paco a una exposición de arte que ha organizado su mejor amiga. Como pareja, aún no han conocido a ninguna amistad del otro. Paco no tiene claro si quiere ir, porque piensa que conocer a la mejor amiga de Lily sería un paso muy grande. No quiere dar una idea equivocada de la relación.

Parece que hoy en día es más íntimo conocer a los padres de tu pareja que tener sexo. Es más íntimo decir "te quiero" que tener sexo. En estos tiempos, es menos vulnerable e íntimo tener sexo con alguien que *conocerle.*

Es problemático porque somos seres relacionales y anhelamos intimidad; es algo que Dios ha instaurado en nosotros. Deseamos profundamente ser conocidos, pero no siempre sabemos conseguirlo, y podemos confundir la intimidad con sexo, sin darnos cuenta de que todo sexo debe ser íntimo, pero no toda intimidad es sexual.

> Hoy en día, ¿qué es más íntimo? ¿Conocer a los padres de tu novio o tener sexo? ¿Decir "te quiero" o tener sexo?

El sexo creado por Dios está fundamentado en la intimidad. Es *íntimo* y, para entenderlo, tenemos que ir al principio de todo: al Génesis, a la creación del hombre y de la mujer, el primer matrimonio y las evidencias de las primeras relaciones sexuales.

El primer matrimonio

En los primeros capítulos de Génesis leemos sobre la creación del mundo, de los animales y del ser humano. El hombre (Adán) lo tenía todo: un lugar donde vivir, un trabajo y una amistad cercana con Dios. Aun así, estaba solo. No tenía un igual.

"Después dijo Dios el Señor:

—No es bueno que el hombre esté solo...". (Génesis 2:18a, RV20)

Entonces, ¿qué hizo Dios? Dios nos ha creado como seres relacionales para estar y compartir con otros.

… le haré ayuda idónea para él. (Génesis 2:18b, RV20)

Dios actúa para remediar esta situación y crea a la mujer de la costilla del hombre. Es la primera relación horizontal entre dos humanos:

> Por tanto, dejará el hombre a su padre y a su madre, se unirá a su mujer y serán una sola carne. (Génesis 2:24, RV20)

Y así se nos presenta el primer matrimonio. Este versículo es clave, porque describe el matrimonio a través de la Biblia. Lo podemos leer en Génesis (en el principio) y en el Nuevo Testamento, usado por Jesús (Mateo 19:5, Marcos 10:7) y por Pablo (Efesios 5:31). Encontré una explicación de este versículo en un libro de Walter Trobisch,[1] en la que enfatiza tres partes:

- el dejar,
- el unirse y
- el hacerse una sola carne.

Para entrar al matrimonio, los dos tienen que dejar sus familias de origen. No significa abandonarlas, pero sí hacer un acto legal y público (muchas veces, la boda) de dejar la familia de origen e ir a vivir con su cónyuge. Luego deben unirse. Este paso se corresponde mutuamente con el de dejar y trata de ese conectar a nivel relacional y emocional. Se entrelazan, no a nivel sexual, pero sí que unen sus vidas. Se priorizan.

Y lo último debe ser la unión física de los cuerpos: hacerse una sola carne. No se debe invertir el orden. Una vez dentro del matrimonio, ya pueden venir los encuentros sexuales y, si Dios quiere, los hijos.

Adán ya no está solo, se ha unido a Eva y unos versículos más tarde encontramos el primer embarazo, la evidencia de una relación sexual.

Conoció Adán a su mujer Eva, la cual concibió y dio a luz a Caín. (Génesis 4:1a, RV60)

Aquí es donde nos vamos a parar para entender cómo es la voluntad de Dios en relación con el sexo dentro del matrimonio.

La primera relación sexual

Si has crecido en la iglesia, quizás te ha pasado como a mí, que, cuando alguien leía este versículo (Génesis 4:1) se escuchaban risas a escondidas y entre susurros uno le decía a su compañero: "¡Conoció... se refiere a sexo!".

Cuando me hice un poco mayor, ya no me sonrojaba, pero seguía pensando que la palabra "conocer" se usaba como metáfora. "¿Quizás a los escritores de la Biblia les daba vergüenza o era mal visto escribir la palabra sexo?", pensaba. Aunque dice "conoció", casi todas las personas leen este versículo traduciendo en sus mentes "Adán tuvo sexo con Eva y ella engendró un hijo".

> La palabra "sexo" se suele entender de forma inconsciente como penetración. ¿Pero la palabra bíblica "conocer" tendrá ese significado?

Es más, la palabra "sexo" se suele entender como penetración. Entonces acaban leyendo este versículo como: "Adán penetró a Eva y ella engendró un hijo". Esto puede sonar feo, pero suele ser la forma inconsciente en la que leemos este pasaje, y eso afecta a cómo uno vive o entiende el sexo en el matrimonio. Entonces, ¿qué significado debemos darle a la palabra "conocer"? Creo que la Biblia no dice cosas al azar. La palabra en el idioma original que traducimos como "conocer" ¡es muy adecuada! Veamos.

El primer hombre y la primera mujer

¿Cómo te imaginas que fue ese primer encuentro de Adán con Eva? Aunque no es un pensamiento consciente, creo que muchos asumen que la vio, la tomó y la dejó embarazada. Nació Caín y después ya continuó la historia. Pero déjame planteártelo de otra forma.

Volvamos un momento a Adán a solas en el Edén. ¿Cuál fue su primer trabajo designado? Dios le ordenó dar nombre a todos los animales en el proceso de buscarle una ayuda idónea.

Dios el Señor formó, pues, de la tierra toda bestia del campo y toda ave de los cielos, y las trajo a Adán para que viera cómo las había de llamar; y el nombre que Adán dio a los seres vivos, ese es su nombre. (Génesis 2:19, RV20)

Piensa conmigo un momento. ¿Cómo supo Adán que un caballo blanco y un caballo negro eran caballos, pero uno negro y blanco era una cebra? Dudo mucho que estuviese sentado a lo lejos y fuese nombrando a los animales al azar.

Es mucho más probable que Adán se acercara, los acariciara, los tocara, los explorara. Adán necesitaba observar sus movimientos, su estructura, su olor; notar cómo comían, cómo dormían, cómo se comportaban. Solo entonces podía decidir cómo se llamaban. Así podría diferenciar un caimán de un cocodrilo y un burro de un caballo.

Si esto es así, ¿cómo se comportaría este hombre al ver a la primera mujer? Recuerda que Adán no tenía un espejo. Aunque seguramente habría observado su reflejo en algún lago, no era capaz de conocer todo su cuerpo. Y allí aparece Eva.

No lo podemos saber seguro, pero yo creo que Adán se acercó y la empezó a explorar; a interactuar con ella, a ver cómo caminaba, cómo comía, cómo lloraba. Probó si tenía cosquillas, cómo sonaba su voz y cómo resonaban sus carcajadas. Estaría lo suficientemente cerca para ver qué cosas le erizaban el vello de la piel y qué caricias le hacían sonreír. Estoy segura de que ¡Adán fue quien descubrió el primer clítoris! Había observado las similitudes entre ellos y también las diferencias. Había explorado su cabello, sus brazos, sus piernas, sus pechos y sus genitales.

Ella, por supuesto, habría tenido la misma curiosidad sobre el cuerpo de él. Y solo en ese entonces, después de conocerse profundamente, habría relaciones sexuales, incluyendo la penetración (la unión física de los dos cuerpos).

La Biblia dice que Adán "**conoció**" a Eva, y esta palabra es intencional y fascinante. Este término "conoció", en el hebreo, es la palabra *yadá* [יָדַע]. *Yadá* es una palabra maravillosa, que significa sabiduría y adquirir conocimiento, pero no a nivel intelectual, sino *el conocimiento que se adquiere a través de la experiencia.*[2]

Adán no se acercó a Eva para penetrarla. Adán se acercó a conocer a su esposa, a tener experiencias con ella. Adquirió conocimiento y sabiduría sobre quién era, lo que le gustaba y lo que necesitaba, le habló, la miró, la tocó y la acarició; y desde ese lugar nació un hijo.

Por eso decimos que **el Buen Sexo es aquel que se basa en el *yadá*, el conocer.** Indaguemos un poco más sobre esta palabra, *yadá*.

> *Yadá* es adquirir conocimiento y ser conocido a través de la experiencia.

Yadá

Imagina estar encima de un escenario. Te están enfocando con una cámara 4K, las luces son fuertes y brillantes, y revelan todo tipo de imperfecciones. Estás allí expuesto, sin ropa, sin maquillaje, sin poder cubrir o enmascarar nada. Cada pelo, arruga y mancha es visible.

El sexo *yadá*, el sexo creado por Dios, es aquel que, cuando estás en ese escenario, tu esposo o esposa viene, te observa y lo conoce todo. Y, aun sabiéndolo y conociéndolo todo, te dice, "te amo, te acepto, ven y conóceme tú también".

La intimidad del desnudo físico es una experiencia privada y exclusiva, que debe conectar a las dos personas. Tienes que estar lo suficientemente cerca como para poder observar, indagar, explorar y conocer. El sexo *yadá* debe estar reservado para el matrimonio, pero no todo el conocer es sexual.

¿Todo el conocer es sexual?

En el lenguaje coloquial, puedes saber de alguien, pero no lo conoces si no has tenido una experiencia con esa persona. "Sé quién es Marcos, pero no lo conozco". Usamos la palabra "conocer" cuando hemos podido tener un encuentro directo. ¡Y esto no tiene nada que ver con la genitalidad! Sencillamente, en nuestro lenguaje, ya diferenciamos lo superficial de lo cercano, de lo que tratamos cara a cara.

> El sexo *yadá (íntimo)* es aquel que, cuando estás en ese escenario, tu esposo o esposa viene, te observa y lo conoce todo. Y, aun sabiéndolo y conociéndolo todo, te dice, "te amo, te acepto, ven y conóceme tú también".

Podemos pensar que este concepto de intimidad, *yadá*, solo hace referencia a las relaciones sexuales en el matrimonio, pero no es así. **Todos nosotros, casados y solteros por igual, estamos llamados a una intimidad con Dios.**

Estad quietos y conoced que yo soy Dios;
seré exaltado entre las naciones; enaltecido seré en la
tierra. (Salmos 46:10, RV20)

¿Lo has visto? **Conoced.** Sí, es la misma palabra *yadá*. Este término se usa muchas veces en la Biblia. En bastantes casos, se aplica en un contexto sexual, pero no siempre. En este versículo, Dios nos muestra que quiere tener intimidad con nosotros. ¿Cómo te imaginas esta intimidad con el Señor?

Yo la veo así: Dios quiere que te pongas delante de él, que te quites tus máscaras y tus excusas, que desnudes tu alma y te despojes de todo lo que piensas, sueñas y anhelas, y que le conozcas mientras te dejas conocer. Dios quiere que lo investigues, que le hagas preguntas, que seas curioso y que pases tiempo indagando.

Cuanto más te dejes conocer, te sentirás más seguro en su amor. Cuanto más le conozcas, mejor sabrás cómo complacerle, cuáles son las cosas que ama y cómo honrarle. **Dios quiere relacionarse con nosotros a través de la intimidad** *(yadá)*. Quiere conocernos a través de la experiencia y que podamos conocerle a él.

Esto significa que **no hace falta estar dentro de un matrimonio para experimentar una intimidad profunda.** Podemos disfrutar de esa intimidad —de ese *yadá*— con Dios. Esta experiencia de sentirse profundamente conocido es accesible para los solteros, casados, viudos, divorciados y hasta para los niños.

La intimidad sexual y la genital están limitadas al matrimonio. Sin embargo, la intimidad en sí, como concepto más amplio, no lo está. Podemos tener intimidad con Dios, amigos y familiares. Es más, necesitamos espacios donde seamos conocidos. La iglesia puede ser uno de esos lugares donde puedes quitarte tus máscaras y que te conozcan tal y como eres para, desde ese lugar, ser motivado a conocer más a Dios.

Conocer a Dios y dejarse conocer por él, en una relación vertical, nos prepara para conocer y dejarse conocer por los demás (relación horizontal). Y, cuando te casas, llegas a conocer al otro de tal forma que sois uno.

> Todos somos llamados a la intimidad con Dios. A desnudar nuestra alma y despojarnos de todo, para conocerle y dejarnos conocer. El *yadá* con Dios está disponible para todos.

Yadá dentro del matrimonio

El *yadá* del matrimonio se construye desde y junto a la intimidad relacional. Tener espacios para desnudar el alma, las emociones y los pensamientos es importante para cualquier persona. Ahora, dentro del matrimonio no solo es importante, sino vital. El sexo genital debería incluir y empezar con la capacidad y el espacio para desnudar el alma el uno con el otro; y, desde ese primer escalón, llegar a conocer el cuerpo de la otra persona de forma cercana.

> El sexo genital debería incluir y empezar con la capacidad y el espacio para desnudar el alma el uno con el otro.

Dios no desea que meramente "sepas" de tu pareja, ni que experimentes un sexo ocasional o superficial. Eso no cumple su diseño. No completa su idea de intimidad, de *yadá*, de conocerse el uno al otro. Eso sería otro tipo de sexo.

Si *yadá* es Buen Sexo, ¿qué sería el sexo malo?

En la Biblia hay muchas historias de sexo malo. Por ejemplo, en Génesis 19:33, cuando las hijas de Lot se acostaron con su padre. En el Antiguo Testamento en general, se usan dos palabras diferentes; una describe el sexo de Dios *(yadá)* y otra, el acto sexual sin más: *shakáb*.

> Esa misma noche emborracharon a su padre y, sin que este se diera cuenta de nada, la hija mayor fue y *se acostó (shakáb)* con él. (Génesis 19:33, NVI, cursiva añadida)

Según el diccionario Strong, *shakáb* [שָׁכַב] significa *acostarse* (para descanso, relación sexual, muerte o cualquier otro propósito).[3] Fíjate que hasta la Biblia dice que Adán *conoció* a Eva, pero las hijas de Lot *se acostaron* con su padre.

No es lo mismo tener intimidad sexual con tu esposo o esposa que acostarte e intercambiar fluidos con alguien, aunque sea tu cónyuge. Entonces, si la Biblia ya diferencia un sexo malo y uno bueno, cuánto más lo debemos hacer nosotros, entendiendo que el sexo de Dios se fundamenta en la intimidad que va más allá de un simple acto y tiene que ver con conocer a la pareja más allá del acto sexual.

La belleza del *yadá*

Adán conoció a Eva. ¡Qué concepto más bello! El sexo creado por Dios ha sido ideado para el matrimonio en el que, después de "dejar" (a los padres), puedes pasar tiempo "uniéndote", explorando y descubriendo a tu pareja. Diferentes etapas tendrán prácticas parecidas pero variadas. Cuanto más tiempo pasa el matrimonio junto siendo curiosos uno con el otro, más mejorará su intimidad, lo cual los llevará a conocerse mejor mutuamente y ayudará al placer de sus relaciones sexuales.

En las siguientes secciones hablaremos de lo *genital y sexual*. Lo que no podemos olvidar es que el Buen Sexo empieza con el escalón de *íntimo*. Todo lo sexual tiene que ir de la mano y construirse a partir de esta intimidad emocional. Si solo conoces los genitales de tu pareja, pero no su corazón, llegará un momento en el que el sexo fallará, porque no sabes quién es la persona. Si conoces lo que le gusta en la cama a tu pareja, pero no has llegado a saber cuáles son sus miedos y temores, habrá problemas a la hora del acto físico del sexo. Conocer las emociones y los pensamientos del otro no solo nutre la relación, sino que construye la base en la que se edifica la vida sexual de la pareja.

En el siguiente capítulo, veremos esto más a fondo al describir cuatro formas de romper el escalón de íntimo. Aprenderemos cómo combatirlo promoviendo intimidad emocional para así construir un fundamento sólido para el Buen Sexo.

3

Si lo descuidas, se rompe. La *intimidad* como fundamento

Somos seres relacionales y anhelamos tener intimidad relacional y física, y a veces eso se puede confundir con una necesidad sexual. Deseamos profundamente ser conocidos porque eso nos da la sensación de existencia y propósito en la vida. Es algo que Dios ha instaurado en nosotros. Cuando conseguimos relacionarnos profundamente con otras personas y revelarnos por completo, hay una sensación de seguridad, pertenencia y aceptación.

En el capítulo anterior, he explicado que la relación sexual debe venir después y estar acompañada de la intimidad relacional. Todo acto sexual debe ser íntimo, pero no toda intimidad es sexual.

En los siguientes capítulos, iré afinando y especificando todo lo que tiene que ver con la parte más física/sexual, como no conocer bien a tu pareja, no comunicar bien los deseos o anhelos y la importancia de saber cómo ha sido creado el cuerpo de tu pareja para traer placer. Pero aquí me quiero centrar en el primer paso. ¿Cómo alcanzar la intimidad emocional, mental y física (no sexual)? ¿Qué cosas hay que cuidar y hacer para construir un escalón estable de "íntimo"?

Para ello, voy a describir cuatro maneras de romper "íntimo", tanto individualmente como luego dentro del matrimonio:

- Descuidar la intimidad con Dios
- Descuidar el tiempo de calidad con tu pareja
- Descuidar la amistad con tu pareja
- Descuidar el toque físico saludable

Romper *íntimo* (1): descuidar la intimidad con Dios

Y Dios, ¿dónde cabe en todo esto? La clave está en volver al versículo de Salmos 46:10 "Estate quieto y *conoce* a Dios" (cursiva añadida). Como herramienta de prevención, cada uno debe darse cuenta de que necesita intimidad emocional, y Dios provee un primer paso para todos al querer dejarse conocer y conocerte profundamente.

Cuando una persona se deja conocer por Dios y le busca con intencionalidad, aumenta su capacidad para dar y recibir amor. Y así, si tú profundizas con Dios (que en sí debe ser una meta), de paso, él te ayuda a que se expanda tu habilidad para amar y recibir amor, y que no seas dependiente de tu pareja para recibir toda tu afirmación, toda tu identidad y todo el amor que necesitas para vivir, ya que eres un ser relacional.

Lo primero es conectar con Dios para ser conocidos por él y que él nos enseñe sobre el amor y que, así, podamos amar a los demás.

"Pero el que ama a Dios es conocido por él".
(1 Corintios 8:3, RV60)

Fortalecer tu relación con Dios protege el escalón *íntimo* del Buen Sexo al hacerte más dependiente de Dios y menos dependiente de tu pareja para recibir toda tu afirmación. Para seguir construyendo este fundamento, ahora ya puedes volver tu atención a tu pareja y a tu intimidad relacional con dicha persona.

Romper *íntimo* (2): descuidar el tiempo de calidad con tu pareja

No sé si a ti también te sucede, pero yo siento que la vida pasa cada vez más deprisa. Con la invención de la electricidad, ya no estábamos limitados por las horas del sol. Con el invento del coche, tren y el avión, ya no se nos limitaban las distancias. Y ahora, con internet, los teléfonos inteligentes y el trabajar desde casa, ya hay poco que se oponga a nuestra posibilidad de estar ocupados en cualquier momento y en casi cualquier lugar.

Esto no tiene por qué ser negativo. El trabajo es bueno, pero puede distraerte de ser intencional con tu pareja y estar presente en cuerpo, mente y alma. Hay muchas cosas que demandan tu tiempo y lo más habitual es que le cedemos el tiempo a lo urgente, relegando a la pareja al último hueco en la agenda porque "vivimos juntos", lo que hace que pensemos que pasamos tiempo juntos, pero no siempre es así.

Gran parte de la intimidad relacional dependerá de la calidad del tiempo que inviertas en el otro. Digo calidad, porque se puede estar "juntos", pero sin estar presentes, y, a la larga, eso no aporta lo necesario a la relación.

¿Dónde inviertes tu tiempo? Sé que esta pregunta puede ser muy complicada de contestar. Tener hijos, un trabajo demandante, estar estudiando, cuidando de una persona mayor o enferma, tener una enfermedad o un sin fin de otras cosas, pueden hacer que nuestro tiempo esté muy limitado y sea difícil de gestionar.

Pero, la intimidad requiere tiempo. Un amigo me dijo que se requerían **1000 horas** con una persona para poder decir que la "conoces". No sé si será así o no, pero creo que no se aleja de la verdad. Si pasas una hora al día siendo intencional, estando totalmente presente y enfocado en tu pareja (que ya es mucho para muchos), ¡1000 horas serían casi tres años! ¿Cómo se puede conseguir esa intimidad cuando parece que no hay ni cinco minutos en la agenda para hacer algo diferente?

Calma, respira, para… vayamos por partes.

¿Con cuántas personas has llegado a pasar estas mil horas? Durante el noviazgo, se suelen conseguir esas mil horas de forma sencilla porque, en esa época, cada uno es muy intencional con el otro y aprovecha cualquier espacio de tiempo para conectar, sea de forma presencial o virtual.

Pero, ¿y después del noviazgo? Muchos pasan más tiempo en el trabajo que en casa, pero, aun así, tampoco es que sea tiempo intencional en el que conozcan a sus compañeros de profesión. ¿Y con la pareja? Aunque vives con tu cónyuge, ¿cuánto tiempo realmente dedicas a estar con tu pareja para "conocerle" de forma intencional? ¿Cuándo fue la última vez que le miraste a los ojos durante un minuto sin interrupciones, solo para verle? (Consulta el ejercicio de la siguiente página, *Crear espacios de tiempo*, para tener una idea sencilla sobre cómo aumentar el tiempo que le dedicas a tu pareja).

Ejercicio práctico
Crear espacios de tiempo

Hoy en día consultamos demasiadas veces nuestros dispositivos. Aprovecha ese sobreuso como recordatorio y todas las veces que levantas tu móvil para mirar la pantalla, alza los ojos para mirar a tu cónyuge o para rozarle con la mano. Si quieres ponerte un reto mayor, úsalo para ponerte de pie e ir a darle un abrazo o hacerle una pregunta sobre su día. Si estás lejos, usa cada consulta que hagas en el teléfono para mandarle un mensaje de voz de aprecio, o llamarle para saber cómo está y decirle un "te amo". Crear espacio intencional promueve la intimidad y el sentirse conocido y visto.

No es fácil oírlo, pero para tener Buen Sexo, el escalón *íntimo debe estar* bien construido. Y, para ello, eso requiere dedicarle tiempo a tu pareja. No tiene que ser un período grande, sino espacios intencionales en los que reconoces su presencia y su valor. Estás presente y tu atención está enfocada en tu cónyuge.

Una de las claves para conseguir esto es usar preguntas y otros recursos para profundizar la amistad con tu pareja.

Romper *íntimo* (3): descuidar la amistad con tu pareja

John Gottman, uno de los terapeutas de pareja más exitosos del momento, lo describe así:

> Los matrimonios felices están basados en una profunda amistad. Los cónyuges que se conocen íntimamente saben los gustos, la personalidad, las esperanzas y los sueños de su pareja. Muestran gran consideración el uno por el otro y expresan su amor no solo con grandes gestos, sino con pequeños detalles cotidianos.[1]

Y continúa:

> En los matrimonios más sólidos, marido y mujer comparten una profunda sensación de trascendencia. No solo "se llevan bien", sino que también respaldan las esperanzas y aspiraciones de su pareja y dan sentido a su vida en común.[2]

La pareja no puede ser tu dios, tu esposo, tu único amigo, tu mesa de consejeros, tu compañero de compras y de ocio. La pareja no puede suplir todas tus necesidades, pero debe de ser tu mejor amigo o amiga. (Usa el ejercicio, *Intimidad relacional,* para saber con quién tienes una intimidad sana).

Si estás casado o casada, tu cónyuge debe ser tu vínculo más estrecho. Eso no excluye que puedas y debas tener relación con otras personas. Tu pareja no puede serlo todo, sigues necesitando a Dios y una familia (sea de sangre o elegida). Pero la persona con la que te has casado tiene que ser tu vínculo más cercano.

Ejercicio práctico
Intimidad relacional

Usa este ejercicio práctico para averiguar cómo llevas tu necesidad de intimidad.

Dedica un momento ahora para reflexionar:

1. ¿Con qué personas te sientes conocido? (Piensa en las personas que te rodean: ¿con qué grupos sientes que no tienes que cumplir un papel, sino que puedes simplemente estar?).

2. ¿Quién hay a tu alrededor con el que puedes dejarte conocer, tus pensamientos y emociones? (Piensa aquí en nombres específicos de personas).

3. ¿Quién hay cerca de ti a quien disfrutas conociendo e interesándote por sus pensamientos y sus emociones? (Haz una lista de personas, incluyendo sus nombres, de las que tienes ganas de saber más sobre quiénes son y lo que piensan).

4. ¿Con cuánta frecuencia te relacionas con esas personas que has mencionado antes? (Piensa en números cuantitativos, además de adjetivos calificativos. ¿Pasas 5 minutos a la semana? ¿Es intencional? ¿O más bien un día al mes de forma distendida?).

Ojo:

Si estás casado o casada, tu pareja **debería aparecer en la segunda y tercera pregunta**. Si no, y sobre todo si han aparecido nombres de otras personas, es una bandera roja que debes abordar. Reflexiona acerca de qué estás buscando con esas relaciones y consulta con un mentor, pastor o profesional (Anexo I) para volver a conectar con tu cónyuge.

Si solo has mencionado a tu pareja y no han salido otros nombres, puede ser que estés exigiendo demasiado y necesites algún mentor o mentora para ayudar con la carga del día a día. Acude al Anexo I para pedir ayuda.

Para conseguirlo, no vale depender de las 1000 horas que pasasteis juntos en el noviazgo. Las personas cambian, para bien o para mal, pero están siempre en movimiento. Tus gustos pueden cambiar. Tus necesidades o preferencias pueden alterarse. Así también será en vuestra amistad. Al avanzar en el matrimonio, tienes la oportunidad constante de seguir explorando y de ser curioso sobre cómo es, qué le gusta y cómo puedes seguir sorprendiendo y amando a tu cónyuge. Por otro lado, puedes comunicar las áreas en las que has cambiado, las cosas que ya no te gustan o algo que te gustaría probar.

Escuchar y preguntar van a ser tus dos grandes herramientas para profundizar en tu amistad. Y recuerda que no tienen que ser preguntas complejas; puedes empezar con cosas tan sencillas como:

- ¿Cómo ha ido tu día?
- ¿Qué tienes por delante que resulte motivante?
- ¿Hay algo que te tiene preocupado?

Puedes buscar preguntas en internet, o inventar preguntas para poner en un bote e ir sacando y contestando. La cuestión no es tanto qué preguntas y qué escuchas, sino que estás aprendiendo sobre (y escuchando a) tu pareja de forma constante. Ahora, no todo puede ser hablar, ¡hay que tocarse!

Romper *íntimo* en la pareja: descuidar el toque físico saludable

Si no hay conexión física no genital, se puede romper *íntimo*. Cuando nace un bebé, se recomienda que lo antes posible esté *piel con piel* con su mamá y que en los primeros meses esté *piel con piel* todo lo que pueda con sus padres y cuidadores.

Cuando lloran los bebés, muchas veces lo primero que hacemos es levantarlos y abrazarlos al pecho, acercar su rostro al nuestro, darles un beso en la cabeza o en la frente y acercarnos físicamente. Que sientan nuestro olor, nuestra voz, nuestra piel.

¿Por qué pensamos que nuestra necesidad de estar en contacto físico con otras personas desaparece al hacernos mayores? Como adultos, seguimos necesitando esta cercanía, esta seguridad de que "estoy aquí", "eres una prioridad, te veo y te escucho".

Todo ser humano necesita "sentir" a otras personas, tener roce con otros y experimentar un toque físico saludable. Es una forma de percibir que somos valorados y existimos.

En su lado negativo, muchos creen que necesitan sexo cuando, en verdad, es una necesidad de contacto físico no sexual. Piensan que ser deseados sexualmente o tener contacto sexual con otra persona les hará sentirse más conectados, apreciados o vistos.

Pero no es así, ¡eso no tiene que ser sexual! Todos, tanto casados como solteros, tienen que entender que el ser humano necesita comunidad y dentro de ella desea recibir un contacto físico no sexual. A no ser que haya habido abuso, la mayoría de nosotros anhelamos ser reconocidos físicamente de alguna forma. Es importante ser conscientes de nuestro deseo de sentir a otros de cerca, sin verlo como algo sexual, sino como una necesidad básica. Esto nos puede ayudar a centrar nuestra búsqueda de intimidad de manera saludable.

En el matrimonio, será muy importante que ese *piel con piel* no se reduzca a las interacciones de penetración. La penetración no lo es todo, y costará tener buenas interacciones genitales si no hay una intimidad física no genital para

> Para no romper *íntimo* y proteger la relación, hay que crear espacios de contacto físico saludable no genital.

sostenerlo. Para no romper *íntimo* y proteger la relación, hay que crear espacios de contacto físico saludable no genital. En el matrimonio, es vital encontrar esta intimidad física a diario.

Para ello, te voy a introducir a la regla de oro.

La regla de oro del Buen Sexo dentro del matrimonio es:

- Intimidad a diario
- Relaciones genitales frecuentes
- Penetración cuando se pueda/quiera

Voy a hablar en las siguientes secciones sobre el punto dos y tres, pero, por ahora, te quiero hablar de ese primer punto. *La intimidad a diario.*

La genitalidad no suele pasar a diario, o al menos no de forma constante en todas las etapas del matrimonio, pero la intimidad sí debe ocurrir de manera constante y diaria. En esta intimidad, se incluye lo emocional y mental de lo que hemos hablado en los epígrafes anteriores, pero no te puedes olvidar del aspecto físico que no es genital.

La forma de expresar esto puede ser muy diferente entre tu pareja y tú. El reto y la idea será aprender qué toques y roces aprecia tu pareja, y cuáles son los que a ti te sirven para sentirte visto y conectado.

Aquí dejo algunas ideas:

- Tomarse de la mano
- Un abrazo
- Tocarle la espalda al pasar a su lado
- Rozarse las rodillas al sentarse a su lado
- Un beso en la frente o en la mejilla

- Una mirada amable de forma sostenida, junto a un roce suave
- Un apretón de manos o al hombro
- Una caricia distraída mientras se está en el sofá

Estas son maneras de tener un grado de conexión físico saludable a diario que, junto a la amistad y el tiempo, crean intimidad y un sentimiento de estar conectados. Esto completa la construcción del primer escalón del Buen Sexo. En verdad, **la intimidad a diario es lo que debemos considerar los "previos" del sexo.** Es lo que tiene que venir antes de las relaciones genitales. Y no solo venir antes, sino rodear las relaciones sexuales para que la genitalidad esté siempre protegida con un círculo de intimidad emocional y física.

> ¿Cómo podría cambiar las cosas ver la intimidad como los "previos" a la relación sexual?

El Buen Sexo es *íntimo*

Dios creó a Adán, pero no quiso que estuviera solo. Todos tenemos una necesidad sana (creada y diseñada por Dios) de intimidad, de salir de la soledad y ser conocidos. Este anhelo aparece tanto a nivel vertical (hacia Dios), como a nivel horizontal (hacia las personas). Puedes tener la certeza de que Dios quiere cumplir su parte contigo, y te invita a que le busques y le conozcas.

Una vez que logres la relación vertical, tendrás más éxito al trabajar sobre las relaciones horizontales con los demás (de amistad y familiares). Si además tienes un cónyuge, dispones del privilegio de experimentar una intimidad aún más profunda tras haber *dejado* y haberte *unido* a esa persona. Ahora debéis *ser uno* con el otro y conoceros física y emocionalmente durante el resto de la vida.

Y así se llega al primer escalón del Buen Sexo: *íntimo*. Para los casados, llegar aquí significa que has explorado a tu pareja y estás en un camino (no una barra de equilibrio) ¡que durará toda la vida de conocer! Al subirte al escalón de *íntimo* y conocer de forma profunda, descubrirás algunas diferencias entre tú y tu pareja. Es importante entender cómo es esa persona y qué necesita para sentirse amada.

Ahí entra el próximo escalón del Buen Sexo: *mutuo y consentido*. En el próximo capítulo, vamos a ver las diferencias y las similitudes entre el hombre y la mujer que forman un matrimonio y cómo acertar más a menudo a la hora de mostrar amor.

EL
BUEN
SEXO

PARTE DOS
Mutuo y consentido

4

El sexo es cosa de hombres o de mujeres

Cuando realizo charlas sobre el Buen Sexo, suelo empezar con un cuestionario con distintas afirmaciones para que los que asisten voten si creen que son verdaderas o falsas. Entre los enunciados a evaluar hay uno que suele dividir la sala: el hombre tiene una necesidad física y la mujer una necesidad emocional.

¿De dónde sale ese pensamiento? ¿Es así? ¿Tú qué piensas? ¿Es verdadero o falso? Yo te voy a decir que es falso. Tanto el hombre como la mujer tienen necesidades tanto físicas como emocionales en lo referente al sexo. ¡Y Dios lo sabe!

El sexo que Dios ha creado es *mutuo*. Tanto el esposo como la esposa anhelan conexión física sexual (aunque cada uno interprete eso de forma diferente). El sexo solo será satisfactorio si ambos están dando y recibiendo. También debe ser *consentido*, una entrega total, voluntaria y en amor al matrimonio.

Pero no tienes que confiar en mí. Investiguemos juntos en la Biblia.

Tener o no tener relaciones sexuales

> El marido que cumpla con su mujer el deber conyugal, y asimismo la mujer con su marido. La mujer no tiene dominio sobre su propio cuerpo, sino el marido; y del mismo modo tampoco tiene el marido dominio sobre su propio cuerpo, sino la mujer. No os neguéis el uno al otro, a no ser por algún tiempo de mutuo acuerdo, para dedicaros al ayuno y la oración. Después volved a juntaros en uno, para que Satanás no os tiente a causa de vuestra incontinencia. (1 Corintios 7:3-5, RV20)

A primera vista, estos versículos no son fáciles de entender, e incluso pueden causar enfado, rechazo o rabia. Lo primero que se ha de recordar es que la Biblia no debe ser leída fuera de su contexto. Eso significa que siempre la tenemos que interpretar a la luz del resto de la Biblia, teniendo en cuenta el contexto cultural en el que se escribió. En este caso, tenemos que volver al principio del capítulo para averiguar por qué está diciendo estas cosas.

> En cuanto a las cuestiones que me habéis escrito, sería bueno que el hombre no tuviera relaciones con la mujer. (1 Corintios 7:1, RV20)

Pablo está contestando unas preguntas que le hicieron por escrito. ¿Es mejor no tener relaciones sexuales con la mujer? Los de Corinto le estaban cuestionando sobre la abstinencia sexual dentro del matrimonio.

Puede sonar un poco raro, pero imagina conmigo un momento. Estos hombres anhelaban ser santos. Una vez casados, se preguntaban si, después de tener hijos, sería más "santo" dejar de tener relaciones sexuales con sus esposas y así poder dedicarse enteramente al estudio de las Escrituras.[1]

Hay que entender el contexto histórico. Tanto la ley romana como la judía empujaban a casarse. En aquel entonces, la ley romana obligaba a los hombres a casarse. Los hombres del imperio practicaban el coito con muchas mujeres que no eran sus esposas. El resultado eran muchos hijos ilegítimos sin herencia y pocos ciudadanos romanos legítimos. Esto no le interesaba a Roma. Querían una población legítima y poderosa para mantener su estatus. Por ello, dictaron una ley que obligaba al hombre romano a casarse, aunque rara vez la cumplían.[2]

El judío piadoso también se sentía obligado a casarse[3] para cumplir el primer mandamiento de Dios. Debían llenar la tierra multiplicándose (Génesis 1:28). Entonces, ellos preguntaban: "¿Es mejor no casarse o casarse y tener hijos, para luego dejar de tener sexo para dedicarme a las Escrituras?".

Quizás ahora, leyendo este libro, te parece exagerado. ¿Cómo podría alguien plantear esa pregunta? Recuerdo una escena de una serie sobre los judíos ortodoxos en la que el hombre, ya casado, estudiaba las Escrituras Sagradas sin cesar. A veces, ni siquiera volvía a casa, dejando a su nueva esposa desesperada por estar con su cónyuge e intercambiar palabras con él.

> ¿Es más santo tener relaciones sexuales una vez dentro del matrimonio o no tenerlas?

Sin embargo, no hace falta irse tan lejos, ya que seguro que has escuchado de alguna iglesia en la que su pastor ha dejado a su familia abandonada para servir a los miembros de su congregación. Su esposa y sus hijos acabaron en una situación complicada o desgraciada, porque él había considerado que era más "santo" estar completamente dedicado a la iglesia en vez de, intencionalmente, pasar tiempo con su esposa.

Pablo tiene un mensaje claro aquí: "el **marido**, que cumpla con su mujer el deber conyugal".

Deber conyugal: los dos tienen necesidades

Pablo insta al marido a que cumpla con el "deber conyugal". Algunos autores han definido "deber conyugal" como relaciones sexuales; pero creo que el contexto apunta hacia una definición más sobre las *necesidades de afecto físico*.

El teólogo David Instone-Brewer lo explica así:

> El término amor conyugal no debe definirse tan estrictamente como "relaciones sexuales", porque esto puede volverse poco práctico o inapropiado en casos de enfermedad o fragilidad. El afecto físico se puede demostrar de muchas maneras diferentes; a menudo, un abrazo es mucho más apreciado que el coito.[4]

Si estudiamos a fondo el Antiguo Testamento, veremos que dentro del matrimonio hay tres deberes principales:[5]

1. Provisión de alimento

2. Provisión de vestido

3. El deber conyugal: afecto, cariño y placer sexual

Con eso en mente, volvamos al versículo 3. Pablo le dice al esposo que debe ocuparse de las *necesidades de afecto físico* (deber conyugal) de su esposa. Que diga esto al esposo nos muestra dos cosas: primero, que la mujer tiene necesidades de placer físico. Si no fuera así, esta frase empezaría y acabaría con: "Esposa, cumple el deber conyugal con tu esposo". No haría falta hablarle al esposo si la esposa no tuviera necesidades sexuales.

Segundo, que es la responsabilidad del esposo atender a su esposa. La Biblia es intencional. Si le está diciendo al esposo algo es porque él tiene que escucharlo. Recuerda que son los hombres los que están preguntando si es mejor dejar de tener relaciones sexuales con sus esposas para estudiar las Escrituras.

> El deber conyugal es el afecto, el cariño y el placer sexual que necesita el cónyuge dentro del matrimonio.

Nuestra sociedad nos intenta convencer de que los hombres necesitan sexo (físico) y las mujeres quieren romanticismo (emocional). En realidad, tanto el hombre como la mujer tienen anhelos de placer físico-sexual y romántico-emocionales.

En el capítulo 2 y 3 he cubierto la necesidad de intimidad que cada uno tenemos. Ahora centrémonos en las necesidades físico-sexuales. Son diferentes entre sí y cambiantes dependiendo de la edad y la fase en la que se está como matrimonio. No es lo mismo el deseo físico-sexual de una pareja recién casada que el de otra con hijos pequeños. Una pareja pasando por un cáncer trata con deseos físicos de formas diferentes que una pareja en la que la esposa está en la menopausia, etcétera.

La bendición y el privilegio del matrimonio es poder pasarse la vida descubriendo ("conociendo", ¿te suena?) cuáles son las necesidades de afecto físico-sexual de su pareja en cada etapa de la unión.

Si se lee 1 Corintios 7:3 de forma superficial, estos versículos parecen "retrógrados". Pero si entendemos que el Señor, a través

> La bendición y el privilegio del matrimonio es poder pasarse la vida descubriendo cuáles son las necesidades de afecto físico-sexual de su pareja en cada etapa de la unión.

de Pablo, está diciendo que **el sexo de Dios es _mutuo_, que cada uno debe dar y recibir,** nos acercamos más a su plan para el Buen Sexo. Los dos tienen necesidades físicas que deben ser atendidas por la otra persona.

Vale, ahora tenemos claro que el sexo es _mutuo_, cada uno lo quiere y lo necesita a su manera. Pero, ¿qué hay de _consentido_?

Tienes necesidades, pero tu cuerpo no es tuyo...

En el versículo 4 tenemos otro reto. "La mujer no tiene potestad de su cuerpo, sino el marido; ni tampoco tiene el marido potestad sobre su propio cuerpo, sino la mujer". En otras palabras: "Tu cuerpo no es tuyo".

He tenido en la consulta a parejas que llegan angustiadas por este pasaje, porque uno de los dos desea tener relaciones sexuales y cita este versículo a su pareja como una obligación:

> _Cariño, tengo una necesidad física. La Biblia dice que tu cuerpo no es tuyo, es mío. Yo ahora mismo te necesito porque necesito tener sexo. Te quiero y te deseo._

Una situación como esta podría convertirse fácilmente en una experiencia negativa y hasta abusiva. De alguna forma, el deseo de una persona se está imponiendo (con palabras) sobre la otra, llegando a forzar un encuentro que uno de los dos no quiere.

Como plantea la autora Sheila Gregoire, también te pregunto:

> ¿Puedes imaginar alguna otra área de la vida en la que Dios le diría a una persona: "Tienes derecho a usar a otra persona para tu propia gratificación, incluso si le causa dolor físico o emocional"?[6]

En un caso como este, aunque no necesariamente estamos tratando con una mala persona que tiene malas intenciones, está claro que no ha entendido el significado que Pablo intentaba comunicar con sus palabras.

Dios nos insta a servirnos uno al otro:

> Así que todas las cosas que queráis que los demás os hagan a vosotros, así también haced vosotros con ellos, pues esto es la Ley y los Profetas. (Mateo 7:12, RV20)

> Así, de la misma manera que el Hijo del Hombre, que no vino para ser servido, sino para servir y para dar su vida en rescate por muchos. (Mateo 20:28, RV20)

> Que no mire cada uno por lo suyo, sino también por lo de los demás. (Filipenses 2:4, RV20)

> Así también, los maridos deben amar a sus mujeres como a sus mismos cuerpos. El que ama a su mujer, a sí mismo se ama. (Efesios 5:28, RV20)

Detente un momento y lee el versículo siguiente, teniendo en mente los pasajes citados arriba:

> La mujer no tiene dominio sobre su propio cuerpo, sino el marido; y del mismo modo tampoco tiene el marido dominio sobre su propio cuerpo, sino la mujer. (1 Corintios 7:4, RV20)

Cuando leemos que ya no tienes autoridad sobre tu propio cuerpo, debemos entenderlo así: si te casas, ya no puedes ocuparte solo de ti, ni hacer las cosas (incluso el sexo) solo cuando tú quieras. Ya no eres "tú", sino que ahora es el "nosotros" lo que va a determinar tales cosas.

> Cuando leemos que ya no tienes autoridad sobre tu propio cuerpo, debemos entenderlo así: ya no es "tú", sino que ahora es el "nosotros" lo que va a determinar tales cosas.

¡Fíjate! Eres uno con la otra persona (una sola carne). Tu cuerpo no es tuyo. ¡Tú no puedes tener sexo a la hora que solo a ti te dé la gana! Tienes un cónyuge. Ahora tienes que considerar también cuándo el otro quiere o está en condiciones de tener sexo. Tienes que amar a tu pareja como amas a tu propio cuerpo (Efesios 5:28), dándole descanso, nutrición y cuidados especiales en la enfermedad.

El soltero tampoco tiene potestad sobre su propio cuerpo. **Esto no es solo un principio del matrimonio.**

> ¿O ignoráis que vuestro cuerpo es templo del Espíritu Santo que habéis recibido de Dios y que está en vosotros, y que *ya no sois dueños de vosotros mismos*? Pues por un precio habéis sido comprados. Por tanto, *glorificad a Dios en vuestro cuerpo* y en vuestro es-

píritu, que son de Dios. (1 Corintios 6:19-20, RV20, cursiva añadida)

Tu cuerpo, en verdad, nunca ha sido tuyo para hacer lo que quieras, sino que Dios nos llama a glorificarle en él. Dios te ha prestado este cuerpo. No sé tú, pero yo suelo tratar mejor aquellas cosas que me prestan.

En la soltería hay que glorificarle en nuestros cuerpos. Ese mandato no cambia si te casas, ¡sino que se amplía! Ahora debes seguir glorificándole con el tuyo, además de cuidar y honrar el cuerpo de tu pareja.

> Tu cuerpo, en verdad, nunca ha sido tuyo para hacer lo que quieras.

Es un círculo de amor y servicio. Yo ya no puedo tomar decisiones solo por mí mismo, sino que mis necesidades y deseos están sometidos a Dios y al matrimonio. Yo deseo sexo, eso es mi cuerpo, pero me acerco a mi pareja para conocer su cuerpo y saber cómo está. Someto mis deseos y necesidades, igual que la otra persona lo hace conmigo. Y juntos cargamos con las necesidades del matrimonio.

El matrimonio no es 50/50

Hay un vídeo de Brené Brown,[7] una experta en vulnerabilidad, que ronda por las redes, en el que afirma que el matrimonio nunca es 50 % cada uno, sino que cada día venimos más o menos cargados, depende de lo que esté pasando. Tu deseo sexual, energía, estado de ánimo, amabilidad y paciencia se verán afectados por cosas fuera del matrimonio. Entonces, según esta autora, la pareja tiene que estar dispuesta a cubrirse mutuamente. Quizás el esposo llega y dice "estoy a un 20 %" y eso significa que la esposa le tendrá que cubrir el 80 % que falta. Y otro día, la esposa agotada llega y puede decir "amor, estoy a un 10 %" y el esposo tiene que cubrirla con el 90 % que falta para llevar adelante la relación.

Apliquemos esto al sexo. Durante el camino de un matrimonio se va a pasar por momentos de más y de menos deseo, en los que uno o el otro esté con más o menos energía. La clave está en someter tu cuerpo al matrimonio y ver quién puede llevar la carga en cada momento. Eso se verá en cosas como: quién toma la iniciativa, quién tiene que ejercer dominio propio en cada momento y cuándo es un tiempo de solo caricias o abrazos, porque la energía está muy baja y no hay espacio para más.

No priorizando tus deseos, sino entendiendo el estado del matrimonio y actuando según cómo estáis juntos.

Cuando los dos están muy bajitos y juntos no suman el 100 %, será momento de sentarse en la mesa (en frío y con la ropa puesta, de esto hablaremos más en el capítulo 7), para poder desarrollar un plan para apoyarse y amarse el uno al otro en ese estado, con mucho cuidado hasta que puedan recargarse.

El que está más alto, será el que deba evaluar cómo está la otra persona y ver cómo puede aligerar su carga; quizás con un abrazo, una bañera llena de agua, un café caliente, un espacio limpio, un tiempo de silencio o una sesión de masaje.

Timothy Keller lo resume así en el libro *El significado del matrimonio*: "El cristianismo no nos demanda elegir entre la realización personal y el sacrificio de todo otro posible interés, sino, y muy por el contrario, una plena realización en generosa entrega mutua".[8]

No rechazar a no ser por oración...

Durante la mayor parte del matrimonio, las ganas físicas y emocionales de sexo no serán las mismas. Uno de los dos tendrá mayor deseo y eso puede llegar a causar tensión. Fíjate en esta historia de una mujer, con 10 años de casada y dos hijos:

Yo no necesito el sexo. Es más, ojalá Dios no lo hubiera creado, porque no hace más que crear problemas entre mi esposo y yo. Al final, le acabo evitando durante gran parte de la semana para que no se excite ni le entre ninguna idea loca.

Él no me presiona, ni siquiera se acerca mucho, pero al final me preocupo porque veo que ha pasado mucho tiempo. Entonces le cedo mi cuerpo y ya, esperando que acabe rápido. Yo, en verdad, a veces hasta estoy

*haciendo la lista de la compra en la mente. Porque, de
verdad, el sexo no me hace falta. Lo hago por él.*

He escuchado tantas historias así... La vida pasa y las personas intentan hacer las cosas bien, pero no siempre saben cómo.
En este caso, la mujer quiere servir a su esposo y ser una buena
esposa. En su visión, "ceder el cuerpo" es una forma de cumplir
con el deber conyugal o de "ceder su cuerpo al matrimonio".

Su esposo la quiere honrar a ella también. No se acerca demasiado, no quiere que se sienta presionada y, al final, pasan
los días sin que esta pareja tenga ningún tipo de intimidad, ni
física, ni genital ni, a veces, emocional. Entonces, cuando llega
el momento de la genitalidad, esta ocurre con ausencia de intimidad y a veces de forma incómoda. Ninguno de los dos se está
dando cuenta de que esto no es *yadá*, no es *íntimo*. Creen que
no se están negando, porque tienen relaciones genitales, pero en
verdad esto es meramente acostarse con la otra persona *(shakáb)*.
No se acercan a conocerse más y seguro que no les va a dar el
resultado deseado.

¿Qué hacemos en situaciones así? Miremos el último versículo
de nuestro estudio:

> No os neguéis el uno al otro, a no ser por algún
> tiempo de mutuo acuerdo, para dedicaros al ayuno
> y la oración. Después volved a juntaros en uno, para
> que Satanás no os tiente a causa de vuestra inconti-
> nencia. (1 Corintios 7:5, RV20)

Recuerda el contexto del que venimos. El matrimonio debe
cumplir el deber conyugal. Si entendemos "deber conyugal"
como sexo, y sexo como penetración, este versículo es muy problemático y podría dar lugar a encuentros sexuales con dolor,

sin excitación y situaciones forzadas y abusivas, o simplemente como el que hemos visto: encuentros sexuales sin conexión. Estar casado no asegura que todas las veces que hay sexo se alinea al plan de Dios ni con el resto de la Biblia. Ahora, espero que, a estas alturas del libro, ya hayas visto que el Buen Sexo es mucho más que penetración y que es *íntimo*.

Leamos este pasaje con el Buen Sexo en mente: "No os neguéis a [el deber conyugal/necesidades afectivas sexuales/*yadá*/conocer] a no ser por algún tiempo…". Eso es mucho más coherente con el resto de la Biblia.

¿Recuerdas la regla de oro para el matrimonio?

• Intimidad a diario
• Relaciones genitales frecuentes
• Penetración cuando se pueda/quiera

El matrimonio está en constante movimiento, o se está acercando o se está alejando. Cuando los cónyuges se alejan el uno del otro es cuando se abren puertas peligrosas. Uno no se siente conocido, no se siente visto y puede empezar a tomar malas decisiones.

A través de Pablo, Dios está recordándoles a los matrimonios que no se pueden negar a la intimidad, a ser conocidos. Deben encontrarse constantemente para proteger su vínculo y estar en movimiento de acercamiento.

Puedes negarte a una práctica sexual, a una posición concreta, pero no puedes negarte a la intimidad, a conocer, y esto no tiene por qué ser genital. Esto es más confirmación de todo lo que hemos visto en la sección de "*íntimo*". Este versículo nos recuerda la importancia del primer escalón.

> Puedes negarte a una práctica sexual, a una posición concreta, pero no puedes negarte a la intimidad, a conocer.

Las diferencias interpersonales hacen que pocas veces los dos quieran exactamente lo mismo. Esto crea oportunidades constantes de tener intimidad a diario (no genital) que ayuda a conocerse cada vez mejor.

Cuando se interactúa a diario, esto abre espacio para que surja el punto 2 de la regla de oro "genital frecuente". Si la pareja tiene este momento íntimo (no genital) frecuentemente (recuerda que esto son los verdaderos preliminares), es probable que la interacción genital surja de vez en cuando en esos momentos de conexión diaria, lo que hace que sea más disfrutada por ambos.

Así, **la relación sexual se convierte en un camino, no en un momento.** La penetración formará parte de un amplio abanico de interacciones íntimas mientras la pareja va descubriéndose. El orgasmo no marca el final de la relación, sino un paso más en el camino del *yadá*: de conocerse, de conectar.

La relación sexual es un camino con momentos de todo tipo.

Dentro del camino hay momentos de más genitalidad y de menos, pero eso no define la relación. Marcan los kilómetros recorridos dentro del trayecto. Cuando esto sucede, la satisfacción sexual, tanto física como emocional, es más fácil de alcanzar.

El que tiene más deseo físico está siendo atendido porque a diario hay momentos de intimidad, aunque no sea genital. Hay miradas profundas, roces y algún abrazo. La persona que tiene menos necesidad genital tiene un espacio para poder sentirse escuchada y atendida, que abre el camino a más conexión física.

Debido a que cada uno se siente visto, hace que sea más fácil para que siga viendo al otro de la manera que él o ella entiende y anhela. Cuando la pareja no se niega la intimidad, mantienen al enemigo lejos, lo que los lleva a seguir en un movimiento de acercamiento el uno hacia el otro.

Dios es revolucionario y el inventor del consentimiento real

Dios me parece un revolucionario. Desde el principio, creó una visión del matrimonio en la que dos personas con necesidades diversas y diferentes son retadas a atenderse mutuamente a través de un proceso de rendirse el uno al otro para conocerse de forma íntima y profunda. Eso sí, no se puede entender "*mutuo*" sin antes construir "*íntimo*". Porque en lo íntimo te conoces para descubrir los anhelos y gustos de cada uno, para que el sexo pueda ser consentido y satisfactorio para los dos.

> Dios creó una visión de matrimonio en la que dos personas con necesidades diversas y diferentes son retadas a atenderse mutuamente a través de un proceso de rendirse el uno al otro para conocerse de forma íntima y profunda.

Resumen

- El sexo que Dios ha creado está basado en el servicio y no en el egoísmo.

- Ninguno de los dos se impone sobre el otro, sino que se honran y se respetan.

- La penetración tiene su lugar, pero no es el principio ni el fin de ninguna interacción.

- Entre los dos hay que ir apoyándose cuando uno está más débil o cansado.

- La pareja está en un camino de intimidad que pasa por la conexión emocional y relacional, que incluye la genitalidad, la penetración, los besos, las miradas, los roces y otras formas de aprecio, amor y atracción.

- Cada uno sabe que es llamado a cuidar las necesidades y el cuerpo de la otra persona como si fueran suyas, glorificando a Dios en todo momento.

El Buen Sexo es *mutuo y consentido*. Para entender cómo cuidar esta área del sexo, tenemos que comprender nuestros cuerpos y la química que hay detrás de algunas de nuestras diferencias, y cómo nos afecta el sexo. ¡Ver la química de la respuesta sexual y cómo funciona la atención del ser humano durante el sexo nos ayudará a contemplar su poder y su belleza, y también cómo queda distorsionado con el sexo malo! En el próximo capítulo, vamos a indagar un poco en la biología y la neurociencia. ¡Vamos!

5

La química del sexo y del orgasmo

Dios ha diseñado el sexo para que se comparta entre dos personas. Para entender qué efecto tiene el sexo sobre el cuerpo y poder comprender mejor a tu pareja, hay que estudiar las reacciones químicas del sexo y del orgasmo.

También, cuanto más comprendas sobre cómo funciona tu cuerpo, más podrás gestionar tus impulsos y deseos sexuales. Echémosle un vistazo a cómo funciona nuestro cerebro cuando pensamos o tenemos conductas sexuales y qué pasa cuando un ser humano experimenta un orgasmo.

Este capítulo contiene terminología técnica. La idea no es saturar, sino ayudarte a descubrir por qué hacemos lo que hacemos. Prepara tu lápiz y tu marcador, ¡porque vamos a por la ciencia!

A. La química del sexo

Uno de los muchos motivos por los cuales Dios creó el sexo es para que la pareja casada se conecte, que el acto sea un eco de sus votos y su pacto, y que pueda abrir la puerta a la vida (reproducción). La química del sexo y el orgasmo hace que, al experimentarlo, la persona se sienta conectada y a gusto.

Permíteme mostrarte rápidamente algunas de las hormonas y transmisores que liberamos con la conducta sexual, y especialmente con el orgasmo, y para qué sirven[1] (no será una lista exhaustiva, sino algunas de las más importantes). Si ves que es demasiado técnica, puedes ver el cuadro resumen que aparece más adelante para tener la idea principal.

La dopamina: es un neurotransmisor (sustancia química que transmite información en el cerebro) que nos empuja a buscar o seguir haciendo lo mismo, y esto concentra nuestra atención (nos empuja al "tunnel vision").[2] Nos lleva a estar más atentos a lo que estamos haciendo. Algunos lo llaman "la hormona del placer", porque se libera cuando sentimos que estamos siendo premiados. Nos motiva a seguir haciendo algo y empieza a silenciar las distracciones. La dopamina es responsable de la sensación de estar en el "flow" (fluir) de algo y no te das cuenta del tiempo que ha pasado.[3]

Nota interesante: un gran aumento de dopamina, liberado con poco esfuerzo, puede causar adicción. Por ejemplo, el "scrolling" infinito en las redes sociales, alimentos con sabores potenciados, experiencias de alta adrenalina, etc.,[4] todo ello puede contribuir a un deseo de más y más. La clave de la dopamina saludable es tener que ejercer esfuerzo para conseguir el premio.

En cuanto a la respuesta sexual, la dopamina refuerza la conducta que estemos manteniendo.

La noradrenalina: es una hormona (y neurotransmisor) que nos activa y nos llena de energía, ya que aumenta los latidos de nuestro corazón. Amplía nuestro estado de alerta, lo que nos permite sellar y recordar mejor lo que está pasando en ese momento. En lo específico a la respuesta sexual, la noradrenalina activa el sistema nervioso simpático, lo que nos ayuda a sentir excitación.

La testosterona: es una hormona presente tanto en hombres como en mujeres, aunque en menor nivel en estas. En los hombres, es fundamental para el impulso sexual (libido), la erección y la producción de espermatozoides. En las mujeres influye en la libido, la sensibilidad sexual y puede afectar a la capacidad orgásmica. Crea el impulso sexual.

La prolactina: se incrementa de forma pronunciada después de la eyaculación de los hombres y del orgasmo femenino. Apaga la dopamina y la testosterona, creando un espacio tranquilo para conectar con la pareja. Esto permite la resolución (el pene vuelve a su estado flácido), lo que da lugar al "pair bonding", un momento para vincularse con la pareja.[5]

La oxitocina: esta hormona (y neurotransmisor) es comúnmente llamada "la hormona del amor" o del vínculo, porque es la responsable de hacernos sentir conectados y que pertenecemos. La oxitocina es la hormona que las mamás producen al amamantar o al parir y también es liberada al alcanzar el orgasmo. Hay estudios que afirman que también se libera en cantidades pequeñas para combatir el cortisol en situaciones de estrés, y así modularlo.[6]

Es una hormona poderosa, que tiene la capacidad de hacer que alguien se sienta seguro en intimidad. En la respuesta sexual, además de dar sensación de conexión, puede aumentar el deseo, facilitar la excitación e intensificar el orgasmo.

La serotonina: es un neurotransmisor (sustancia química), más bien conocido por ser un ansiolítico natural y contractual con el temido "cortisol" (la hormona del estrés). Un buen nivel de serotonina está relacionado con un buen estado de ánimo. Bajos niveles de serotonina están relacionados con la depresión y la ansiedad. La serotonina transmite una sensación de bienestar, de que "todo va a estar bien", de sentirse satisfecho.[7]

Resumen

Dopamina: ayuda a enfocar. Se encarga de hacer sentir placer y motivación.

Noradrenalina: ayuda a sellar y recordar la experiencia. Da energía.

Testosterona: está presente en hombres y mujeres. Crea deseo sexual hacia la pareja.

Prolactina: reduce el efecto de la dopamina y la testosterona. Permite vincularse con la pareja.

Oxitocina: crea apego y vinculación, sensación de "pertenecer" y querer quedarse.

Serotonina: es un calmante natural, que produce sensación de satisfacción y bienestar. Reduce el estrés.

B. La respuesta sexual

Como se ve en la imagen de la página siguiente,[8] las personas empiezan con una perspectiva amplia, atendiendo a todo tipo de estímulos. Al iniciarse la respuesta sexual, comienza la cascada de hormonas y neurotransmisores que inundan el sistema. La anticipación del premio de placer y disfrute libera la dopamina. A continuación, se activa la noradrenalina, que mantiene la conducta mientras sella en el recuerdo lo que está pasando. Ese "sellar el recuerdo" es lo que le ayuda a la pareja a atesorar momentos íntimos (en su lado negativo, es lo que sella malos recuerdos relacionados con la sexualidad). En estos momentos y cada vez más, se estrecha la atención, provocando la "visión de túnel" (atención obsesiva en solo una cosa), lo que elimina distracciones y sumerge a la persona en la tarea que tiene por delante.

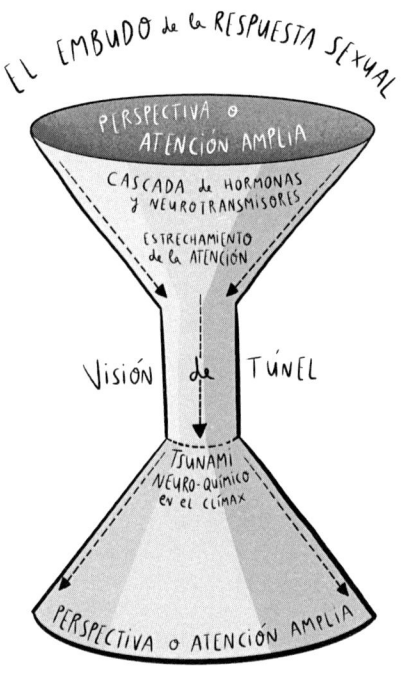

EL EMBUDO de la RESPUESTA SEXUAL

PERSPECTIVA o ATENCIÓN AMPLIA

CASCADA de HORMONAS y NEUROTRANSMISORES

ESTRECHAMIENTO de la ATENCIÓN

Visión de Túnel

TSUNAMI NEURO-QUÍMICO en el CLÍMAX

PERSPECTIVA o ATENCIÓN AMPLIA

Lo siguiente es la liberación de testosterona que aviva el impulso sexual y promueve la excitación. Llegado el clímax y su tsunami neuroquímico, se libera la prolactina, que inhibe la dopamina y la testosterona, creando un espacio de calma para disfrutar del *pair bonding* (vinculación o conexión con la pareja). En este momento, desaparece el impulso sexual. La oxitocina y la serotonina entran en juego y traen consigo un estado de bienestar y pertenencia. Entonces, poco a poco, la atención se vuelve a abrir. Somos conscientes de nuevo de nuestro entorno y volvemos a tener una perspectiva amplia.

Por cierto, estas hormonas y neurotransmisores se liberan en otras situaciones, además de en la conducta sexual. Tanto los solteros como los casados pueden tener acceso a estas hormonas y neurotransmisores a través de otras actividades como el deporte,

> Piénsalo: ¿qué le puede pasar a la persona si usa la química del orgasmo fuera del matrimonio?

reírse mucho con amigos, buenos abrazos, completar tareas, etc. Pero es verdad que la saturación química no será la misma que en el orgasmo.

El orgasmo

> El clímax sexual es el evento biológico más poderoso y concentrado en el que el cerebro puede participar. Esta experiencia de *crescendo* solo puede tener lugar en un camino muy angosto. Para llegar a este lugar, el cerebro debe ceñir su enfoque o su atención y bloquear todas las distracciones. Esto se logra a través del Embudo. (Dr. Page Bailey)[9]

Uno de los momentos claves de la respuesta sexual humana es el orgasmo. Según el diccionario, el orgasmo es "la culminación del placer sexual".[10] De forma generalizada, simplificada y visible, para los hombres irá acompañado de la eyaculación de esperma y pequeñas contracciones musculares. En las mujeres se verán contracciones de la vagina y del útero.

Los beneficios experimentados por el orgasmo se deben a la liberación o aumento de diferentes hormonas y neurotransmisores. El aumento de serotonina y oxitocina puede intensificar la experiencia del orgasmo además de proporcionar una sensación de bienestar y vinculación. La liberación de endorfinas se asocia a la reducción del dolor.

Hay mujeres casadas que, a pesar de estar teniendo relaciones genitales con sus esposos, no experimentan un orgasmo. Si este es tu caso, lo primero sería leer todo el resto de este libro ya que hay información y consejos que te puedan ayudar. Si aun así no se está consiguiendo, aconsejo consultar el Anexo I para saber dónde pedir ayuda para seguir disfrutando de esta parte del sexo matrimonial.

El orgasmo o clímax es el momento de entrega total. En términos científicos, se llega a nombrar el "punto de no retorno" porque, una vez que empieza el orgasmo, no se puede frenar, sino que hay que dejar que pase, como una ola, hasta llegar a la siguiente fase.

En esa entrega, nos quedamos al descubierto, vulnerables, desnudos e incluso débiles. Dios puso el orgasmo dentro del matrimonio para protegerlo; para que, en ese momento orgásmico de rendición a la otra persona, estés en una relación íntima, segura y legalmente conectada. Puedes descansar en los brazos de tu pareja y trabajar el *pair bonding* (el vincularse profundamente). Puedes dejarte llevar y, de paso, beneficiarte de forma química de tu entrega.

Dios nos creó a conciencia

¡Qué belleza hay en la química del cuerpo humano! Es increíble ver todo lo que Dios ha alineado para nuestro disfrute. La respuesta sexual, acompañada de un orgasmo, es especial: crea mayor vínculo y sirve como un recordatorio de la promesa del "¡sí, quiero!", gracias a cómo nuestra mente sella los recuerdos.

Ahora hemos visto los beneficios de la conducta sexual y el orgasmo dentro del sexo matrimonial, pero ¿qué pasa con la conducta sexual que ocurre fuera del matrimonio? ¿Y esos orgasmos? ¿Y qué tiene que ver con la idea de que el sexo debería ser *mutuo y consentido*?

Abordaremos estas preguntas importantes en el siguiente capítulo.

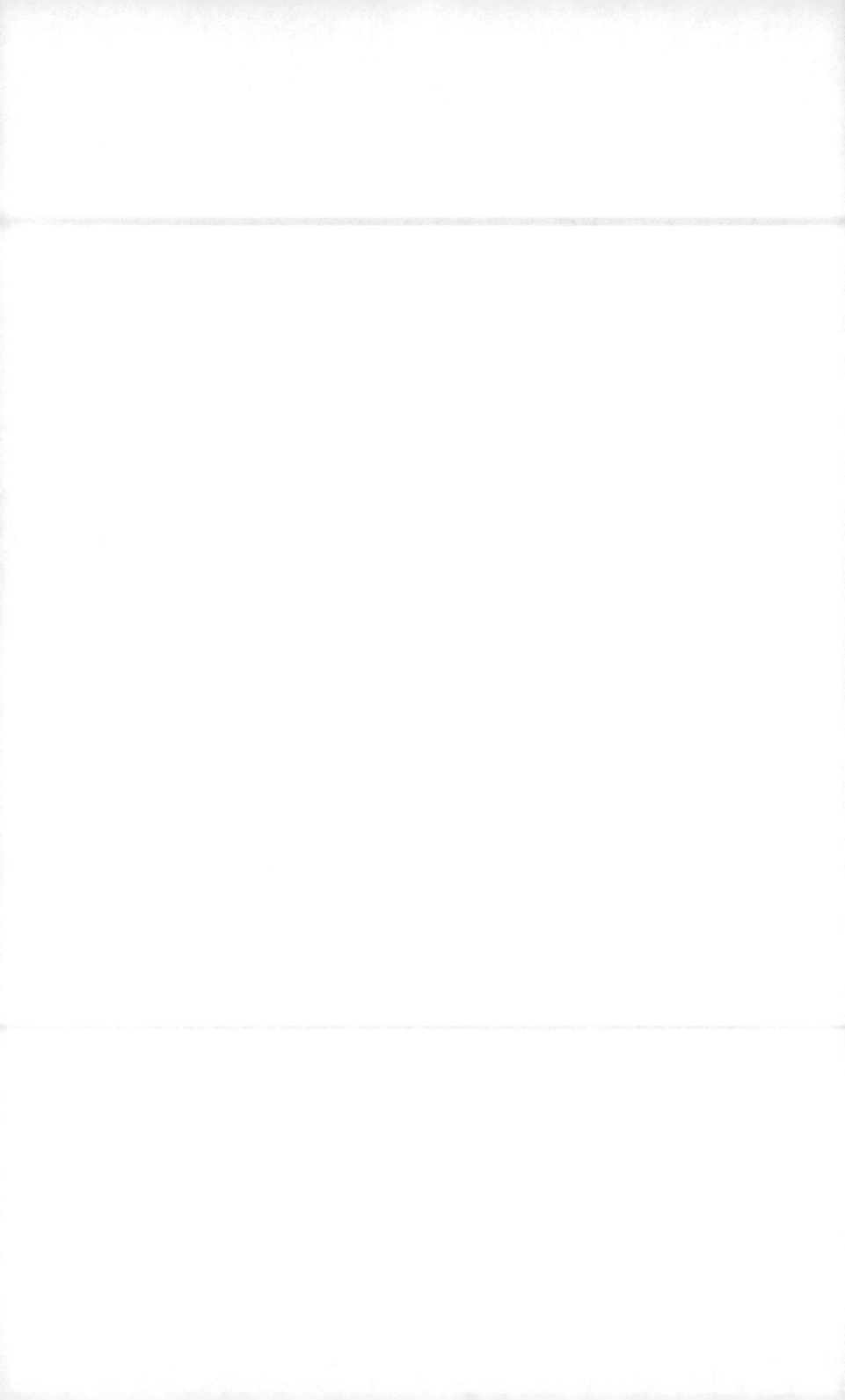

6

El egoísmo en el sexo, que rompe lo *mutuo y consentido*

Ya que hemos visto la química del sexo y las hormonas que están involucradas, veamos qué sucede cuando no tiene lugar dentro de *mutuo y consentido*. En el capítulo 3, hemos establecido que todo sexo fuera del matrimonio entre un hombre y una mujer no es el plan diseñado por Dios. Por eso, en este capítulo, hablaré del sexo asumiendo siempre que está dentro del marco matrimonial. Ya que estar dentro del marco del matrimonio no es suficiente para que sea el Buen Sexo, entonces hay que seguir clarificando cómo subirse al segundo escalón del Buen Sexo.

Vamos a ver cuatro puntos que rompen el principio de *mutuo*:

1. El sexo con uno mismo (masturbación)
2. Poner tus necesidades por encima de tu pareja (egoísmo)
3. No ayudar a llegar al orgasmo
4. No comunicarse sobre la relación sexual

Y dos temas principales que rompen el principio de *consentido*:

1. Forzar al otro
2. Castigar con abstinencia

Estos comportamientos acaban dañando la experiencia sexual y causando la acumulación de experiencias negativas, algunas de las cuales llegan a crear disfunciones sexuales.

Romper *mutuo* (1): el sexo con uno mismo (masturbación)

Primero, definamos que, cuando hablo de *masturbación*, me refiero a la estimulación de los genitales de uno mismo, sea con la mano, los dedos o con un juguete u otro objeto. Es un acto realizado en solitario, sin la presencia del cónyuge. Es tener sexo consigo mismo.

Si el cónyuge toca, estimula o excita los genitales de su pareja, a esto lo llamo *estimulación genital*. Es diferente.

¿Existen beneficios en la masturbación?

Con esa definición en mente, ¿la masturbación cabe dentro del principio de *mutuo* del Buen Sexo? Yo creo que no.

¿Hay beneficios en la masturbación?

He escuchado a *influencers*, médicos y otras personas hablar sobre los "beneficios de la masturbación", pero en general se refieren a los beneficios de la conducta sexual y el orgasmo. Recuerda el embudo y la respuesta química (capítulo 5). Si el cuerpo experimenta un orgasmo, libera hormonas y neurotransmisores que aumentan la sensación de bienestar, ayudan a relajarse (dormir) y reducen el dolor.[1]

Por esto mismo, la estimulación genital y el orgasmo en pareja es algo maravilloso, porque los efectos de las hormonas se asocian a toda la experiencia conjunta de la pareja; además, une y sella los recuerdos del uno con el otro. La masturbación no tiene todos esos mismos beneficios. Un estudio afirma que, aunque con la masturbación el orgasmo puede llegar a ser físicamente más intenso, el orgasmo en el coito (penetración en pareja) es más satisfactorio.[2]

¿Qué pasa con la dopamina, la noradrenalina y la testosterona? Cuando uno tiene sexo consigo mismo (una forma de ver la masturbación), ¿con quién se conecta?

- ¿Con su mano?
- ¿Con su juguete?
- ¿Con la pantalla o con imágenes eróticas?

Recordemos los efectos de las hormonas y veamos qué pasa en solitario. La oxitocina no es bien aprovechada porque acaba conectada con algo inerte o simplemente no se libera de igual forma. La dopamina le lleva a perseguir ese comportamiento (tener sexo con uno mismo) y la noradrenalina sella y mantiene el comportamiento. Además, la liberación intensa de dopamina que se experimenta con la masturbación, sin necesidad de realizar un gran esfuerzo, puede aumentar la posibilidad de activar el comportamiento compulsivo, llevando a una posible adicción.[3]

¿Y la serotonina? La serotonina le da sensación de bienestar (y es seguramente el motivo por el que tanta gente lo recomienda). Pero, ¿tiene alguna desventaja en solitario? Sí, la tiene.

La masturbación se practica por múltiples motivos; entre ellos: por hábito, por excitación, por aburrimiento, para calmarse, para centrarse, para reducir el dolor y para dormir. Al estimularse uno los genitales en solitario y llegar a un orgasmo, la serotonina aumenta y da sensación de satisfacción y calma. En vez de aprender a autogestionarse (una habilidad muy necesaria para el día a día), la persona ha encontrado un atajo para sentirse bien con el mínimo esfuerzo. Ahora tiene una pastilla mágica que puede usar cuando se estresa, se aburre o se cansa, sin necesidad de esforzarse, pedir ayuda, trabajar en equipo, pedir perdón o negociar y, sobre todo, sin usarlo para recordar la promesa del "sí, quiero". ¿Ves por dónde va la cosa? Por eso no tiene mucha cabida en un sexo *mutuo y consentido* con la pareja.

Resumen, dentro de la masturbación:

Dopamina: ayuda a enfocar, te enfocas en la masturbación. Puede dar picos altos que provoquen comportamientos adictivos.

Noradrenalina: ayuda a sellar y recordar la experiencia. Sellas recuerdos de imágenes o fantasías, que pueden reaparecer en momentos inoportunos.

Testosterona: crea deseo sexual hacia el autoerotismo.

Oxitocina: puede crear apego y vinculación con la pantalla, con tu mano, y llegar a provocar sensación de vacío.

Serotonina: es un calmante natural. Produce una sensación de satisfacción, se crea una pastilla mágica que te calma. Te crees autosuficiente.

Alguien me preguntó una vez: "¿Y no será que Dios nos dio la masturbación para ayudarnos a gestionar nuestras emociones?". Yo creo que Dios nos manda gestionar nuestras emociones a través de la rendición de cuentas y el "uno al otro". (¿Recuerdas los versículos sobre el servicio y amar a los demás del capítulo 4?). La masturbación no rinde cuentas a nadie y, además, se enfoca y se entrena en uno mismo. En vez de conectar, te aísla en tu propio mundo de autosuficiencia.

Otro problema: la masturbación incrementa el egoísmo

La masturbación tiene otro gran problema y es que uno está aprendiendo a tener sexo con uno mismo, en vez de lo que implica compartir la vida con otra persona. Algunos defienden que la masturbación es necesaria para conocerte sexualmente, pero el Buen Sexo ha sido ideado dentro de una pareja. La respuesta sexual se aprende y se mejora con los años, y no es lo mismo lo que uno experimenta en solitario que en pareja.

> La respuesta sexual se aprende y se mejora con los años.

En una relación *mutua* y basada en el *consentimiento*, tienes que adaptarte a los tiempos, las frecuencias, los gustos y las necesidades de la otra persona; la masturbación no te ayuda con esto. Gran parte de las relaciones sexuales dentro del matrimonio serán pactadas, acordadas o semi planeadas, con los horarios de los dos y los deseos de cada uno en mente. Eso requiere negociación.

La masturbación no necesita acuerdos ni planificación con otra persona. Requiere muy poco esfuerzo. "Yo lo decido, yo lo hago, yo me satisfago". Practicar la masturbación no te prepara ni te capacita para tener relaciones mutuas, sino que entumece tu capacidad de adaptación y de negociación con la otra persona. Recuerda que "tu cuerpo no es tuyo" (lee de nuevo el capítulo 4 si lo necesitas).

La masturbación puede llegar a tener consecuencias aún más negativas, como condicionar el orgasmo a la presión y velocidad de la mano o del juguete (esto se explicará más en el capítulo 8 junto a explicaciones sobre la pornografía). Como consecuencia, el toque o la caricia del cónyuge ya no tiene el mismo efecto.

> ¿Podría la práctica de la masturbación perfeccionarse hasta tal punto que las relaciones sexuales con el cónyuge no sean tan buenas como tener sexo con un mismo?

Tener sexo con uno mismo y practicarlo en solitario no es buena idea, no es una ayuda ni para solteros ni para casados. Nos hace expertos en un sexo egoísta que nada tiene que ver con el sexo real, *íntimo, mutuo y consentido*, que se puede disfrutar dentro de un matrimonio.

Si alguien se refugia en la masturbación, esto fomenta su desconexión de su pareja para centrarse en sí mismo, en vez del *yadá*, de conocerse mutuamente. Como pareja, la meta debe ser acercarse, conocerse y amarse lo mejor posible. La masturbación desvía de esa meta.

Romper *mutuo* (2): poner tus necesidades por encima de tu pareja

La masturbación puede ser un ejemplo de ponerse uno por delante del otro. Dentro de la pareja, puede ser tentador satisfacerse en la cantidad, frecuencia, presión y movimientos que uno quiere.

Si uno de los dos, o ambos, está poniendo sus necesidades por encima constantemente de la pareja, es que no ha entendido lo *mutuo* del Buen Sexo.

Déjame darte un ejemplo de Buen Sexo que es *mutuo* en medio de la tormenta.

Él: *Me diagnosticaron de prostatitis y el urólogo me dijo que necesitaba masturbarme por lo menos dos veces al día o tener sexo todos los días. Pero mi esposa estaba en un proceso de cáncer.*

Ella: *Mi proceso de cáncer afectó de forma directa a nuestras relaciones sexuales. Me acuerdo cuando estaba en el despacho del médico. Él nos estaba hablando a mi esposo y a mí sobre la realidad de que la penetración no iba a ser posible por lo menos durante un buen tiempo.*

Él: *¿Cómo lo íbamos a hacer? A mí me decían que, por mi diagnóstico, necesitaba tener sexo, y mi esposa no podía tenerlo.*

Ella: *Se me cayó el corazón al suelo. Yo pensaba que él se tendría que masturbar, porque claro, yo no podía tener sexo. ¿Qué opción teníamos?*

Él: *Llevábamos un tiempo aprendiendo con Kari sobre el Buen Sexo. Al llegar a casa, hablamos de lo que cada uno estaba viviendo, oramos y empezamos a dar pasitos en una nueva dirección basado en ser íntimos a diario y tener actividad genital frecuente sin penetración.*

Ella: *Disfrutamos mucho, teníamos complicidad, salíamos a hacer ejercicio, él trotaba y yo caminaba a paso de tortuga, teníamos noches largas de conversaciones que terminaban en risas. Descubrimos cómo honrarnos y crear un ambiente amplio de confianza en el que los dos nos permitimos ser vulnerables.*

Él: *Nos contemplábamos y disfrutábamos el abrigarnos piel con piel y nuestra sexualidad llegó a otro nivel. Al final, nunca me tuve que masturbar. Aprendimos a acariciarnos y tocarnos y compartir mucho tiempo juntos.*

Ella: *Allí empezó un período de tiempo que resultó ser de más de dos años, en el que no pudimos practicar penetración, pero en el que redescubrimos el sexo y la satisfacción sexual. Aprendimos a brindarnos un toque sano, respetuoso y sanador.*

Él: *Hoy ya disfrutamos de un abanico más amplio de relaciones y hemos aprendido que la penetración es una práctica dentro del camino, pero no es lo único.*

En el sexo, ser y entender *mutuo* no significa que uno no vaya a estar satisfecho y a tener que sacrificarse siempre por el otro. Significa que ninguno de los dos tiene que vivir desesperado y dominado por sus impulsos, porque la mayor excitación es aprender y dar satisfacción sexual a la pareja. Y cuanto más avanza la relación, más satisfacción, más intimidad, más cercanía y más placer pueden llegar a experimentar.

Romper *mutuo* (3): no ayudar a llegar al orgasmo

Relacionado con el punto anterior, es responsabilidad del esposo ayudar a su esposa a experimentar un orgasmo y sentirse satisfecha sexualmente. Hago un énfasis específico en los hombres, porque la mayoría de ellos (75 %) experimentan un orgasmo cuando quieren, mientras que solo el 30 % de mujeres llegan al orgasmo cuando lo desean.[4][5]

La pornografía y las series han puesto mucho énfasis en cómo las mujeres satisfacen a los hombres y eso se ha trasladado a las camas matrimoniales. La mujer busca satisfacer a su esposo en su necesidad física, pero no siempre atiende ni comunica lo que ella necesita.

Si le preguntas a un hombre, uno de los elementos más excitantes para él, es el orgasmo de su esposa. Y, ¿sabes qué? Para la mujer, uno de los elementos más excitantes, es su propio orgasmo. Los hombres anhelan que sus esposas experimenten un orgasmo siempre que lo deseen y que estén satisfechas en la cama.

Quiero reforzar que muchas de las mujeres que dicen que no les interesa el sexo no es porque no puedan disfrutarlo, sino porque no están gozando del sexo que están recibiendo. Si entendemos que el Buen Sexo es *mutuo*, veremos que la mujer, por diseño, disfruta del placer, incluyendo el sexual (esto lo explicaremos en detalle en el capítulo 7). Por tanto, si en un caso específico no le está gustando, hay que cambiar algo. Habrá que conocerla más para saber qué necesita y cómo le gustan las cosas para poder ayudarle a disfrutar de la experiencia. Puedes usar las preguntas prácticas del capítulo 10 para conocer un poco más a tu pareja.

Aunque he hecho énfasis en los hombres, lo mismo sirve para las mujeres en relación con sus esposos. Recuerda que él no tiene los mismos gustos que tú y tendrás que aprender más sobre él para amarle de una forma que entienda y que él también disfrute del sexo y llegue a su orgasmo.

Romper *mutuo* (4): no comunicarse sobre la relación sexual

Otra forma de fastidiar el *mutuo y consentido* es no comunicarse. Para que el matrimonio se pueda ayudar mutuamente a llegar a la satisfacción sexual, hay que darse cuenta de que es responsabilidad de cada uno comunicar a la pareja los deseos, gustos, miedos y anhelos que tiene en el ámbito sexual.

Podemos pensar que el sexo de Dios es aburrido, pero si entendemos el concepto de *yadá*, vemos claramente que es dinámico. Cada fase del matrimonio tendrá sus características específicas que moldearán el tipo de intimidad que disfruta la pareja.

Para dar solo un par de ejemplos:

- El tiempo de recién casados, puede que sea de más experimentación a la vez que de muchos encuentros algo torpes por la falta de experiencia.

- Con la llegada de los hijos, cuando son bebés y niños, hay que conocer qué momentos y qué conexiones son las de menor desgaste energético. A veces, en estas etapas, mucha de la intimidad emocional y física será expresada de forma más compacta o en huecos de tiempo mientras los niños duermen. Será importante poder conocerse de nuevo y hacerse muchas preguntas. Hay que descubrir lo que cada uno desea porque es un período distinto y de mucho cansancio.

- En la menopausia, o si hay cambios hormonales por otros motivos, será valioso volver a explorar los roces y las caricias para descifrar si se sigue respondiendo a lo de antes o si hay que descubrir nuevos toques e interacciones porque el cuerpo ha cambiado.

En algunas de estas etapas, si hay grandes frustraciones o malentendidos, puede ser que se requiera de una ayuda externa como un sexólogo cristiano, una pareja amiga, un mentor o un líder espiritual (consulta el Anexo I de este libro).

Ninguna etapa es mejor que otra, sino que son diferentes; y esa es la bendición: poder explorar y aprender, manteniendo el matrimonio en un movimiento de acercamiento constante. El agua que no se mueve se estanca y se pudre. Pues lo mismo pasa con los matrimonios; el movimiento da vida si lo sabemos manejar. Lo más increíble es que, si el matrimonio sigue el principio de conocerse cada vez más, su intimidad sexual irá mejorando cuanto más tiempo estén juntos.

Ejercicio práctico
Conocerse durante las varias etapas del matrimonio

Cada tiempo es diferente y requiere hacerse preguntas como:

En este tiempo...

- ¿Qué te gusta?
- ¿Cómo te ayudo a estar satisfecha/o sexualmente?
- ¿Cómo te sientes amada/o?
- ¿Qué caricias o toques anhelas?
- ¿Cómo puedo expresarte lo que yo necesito?
- ¿Qué miedos o preocupaciones tienes?

(Puedes consultar más preguntas en el capítulo 10, "Siguientes pasos", al final del libro).

Conseguir comunicar los gustos y anhelos no siempre es fácil y hasta puede traer tensión. Entonces, aquí damos unos consejos prácticos.

Comunicar placer

Como ya os he contado, la sociedad te dice que te tienes que masturbar para saber lo que te gusta, pero eso no es verdad.

Puedes aprovechar los momentos de intimidad genital para ir dirigiendo a tu pareja y descubriendo tus gustos.

Dentro del matrimonio, sentados los dos frente a un espejo, se pueden explorar los propios cuerpos entre los dos, descubriendo qué toques y qué roces producen cosquillas y cuáles son más molestos. Puedes notar que hay zonas que aceptan caricias en cualquier momento y otras que requieren que la persona se encuentre excitada para experimentar placer.

Una vez excitados, puedes usar esa excitación y los momentos de intimidad para dirigir a tu cónyuge con tus palabras:

- "Más a la derecha/izquierda/arriba/abajo".
- "Más rápido/lento".
- "Mantente ahí un poco más".
- "Eso me gusta/es increíble, guau".
- "Sigue".
- "Sí".

Puedes también usar elementos no verbales:

- Ruidos, gemidos, sonidos que indican placer. (¿Sabías que los ruidos vocales que emite la esposa pueden ayudarla a relajar la vagina, lo cual puede reducir tensión y dolor?).[6]
- Puedes también deslizar su mano o el pene (en caso de las mujeres) y dirigirlo hacia donde crees que será más placentero.
- Puedes expresar con los movimientos del cuerpo o hasta mover el cuerpo hacia aquello que anhelas.

Quizás de forma verbal, en frío, no has sabido expresar lo que quieres, pero, durante la relación sexual, puedes dirigir con estas indicaciones verbales y manuales hacia lo que deseas.

Todas estas herramientas ayudan a que tu pareja sepa que está haciendo algo bien o acertado. En el libro de la doctora Cornelia Hernández,[7] hay todo un capítulo con más consejos y ayudas para la mujer de cómo seguir trabajando la comunicación de placer. Aunque, si no sabes cómo hacerlo, lo importante es empezar y probar. Cuando no nos comunicamos, es como si estuviéramos ausentes. Se acaba lo *mutuo* y la persona se queda con tu cuerpo, pero sin ti.

> Cuando no nos comunicamos, es como si estuviéramos ausentes. Se acaba lo *mutuo* y la persona se queda con tu cuerpo, pero sin ti.

Clave para comunicar sobre el sexo: en frío y con la ropa puesta

Para dar un *feedback* (una información de respuesta) o proponer cosas nuevas, mi consejo es siempre hablar *en frío y con la ropa puesta*.

Es importante recalcar que aquí estoy hablando de preferencias. Si hay dolor durante un momento íntimo, hay que parar y decirlo sin esperar (de eso hablaremos más en el capítulo 7). Aquí me refiero a preferencias o propuestas.

Imagina que la relación de ayer fue buena, pero te has dado cuenta de que te gustaría que la próxima vez las caricias duraran un poco más y que se pudiera poner una canción especial durante ese tiempo. Muchos querrán hacer la propuesta en el momento de los previos la próxima vez, pero, si por la razón que sea, la pareja rechaza la idea, puede ser frustrante y romper el momento.

Por eso, en frío y con la ropa puesta, al día siguiente o pasadas unas horas, cuando ya la excitación ha bajado y ambos están vestidos, ese es el momento para poder hablar de estos temas. Te dejo un ejemplo:

> *Oye, amor, ¡qué genial fue conectar contigo anoche! La próxima vez, me encantaría poder acariciarnos en el sofá durante aún más tiempo. Es de mis partes favoritas. Me relaja, me estimula y me hace sentir muy conectado. Y he pensado que quizás podríamos poner la canción _____ de fondo. ¿Qué te parece?*

En este escenario, tu pareja puede hablar contigo, sin que estés desnudo y vulnerable. En frío y con la ropa puesta, es más fácil poder negociar y ver qué es lo que mejor funciona para los dos. Allí, cada uno puede opinar, sugerir y considerar las propuestas del otro.

El mejor momento para hablar de preferencias en las formas de conectar genital y no genitalmente es: en frío y con la ropa puesta.

La comunicación es crucial en las relaciones sexuales. Ayuda a tu pareja a saber qué te interesa y a seguir conectando de forma íntima y genital. Puede dar vergüenza, sobre todo las primeras veces, pero una vez que, como matrimonio, se haya hablado un par de veces, resultará natural y especial.

IMPORTANTE: no todo vale. Hay posturas o actos que a uno de los dos le pueden parecer mal o hasta denigrantes, y es crucial recordar que esto se trata de un "nosotros unificado". En general, se puede simplemente eliminar la práctica en cuestión. Si eso es demasiado difícil o causa demasiada tensión, es un motivo para consultar a un sexólogo cristiano para recibir ayuda sobre cómo proceder.

Algunas sugerencias para romper el hielo pueden ser: aprovechar un pódcast, un artículo, leer este capítulo juntos o algún otro recurso alineado a tus valores, que puedas compartir para abrir la conversación.

Ejercicio práctico
Preguntas en frío y con la ropa puesta

Puedes probar estas preguntas básicas y así ir aprendiendo de cada relación sexual:

· ¿Qué fue lo que más te gustó de nuestro último momento íntimo?

· ¿Cómo te sentiste?

· ¿Qué te gustaría mejorar o cambiar?

· Si lo volviéramos a hacer casi igual, ¿hay algo que te haría sentirte más conectada/o o más amada/o?

· ¿Hay algo que te gustaría probar?

https://libros.kariclewett.com/rpc-lbs

Es crucial que ninguno de los dos se ría o se burle del otro. Aunque se esté en frío y con la ropa puesta, no significa que no sea una situación vulnerable. Como dice mi colega, la doctora Cornelia, "hablar de sexo con la ropa puesta y el corazón desnudo facilita la conexión emocional".[8] Si somos un lugar seguro en el que la pareja puede abrirse y hablar del tema, nuestra relación sexual puede ser revolucionada con el Buen Sexo.

Imagina cómo podrían cambiar los momentos de intimidad, tanto genitales, como no genitales, si empezamos a comunicarnos y a evaluarnos para mejorar. Podemos llegar a ser expertos en los gustos y deseos de nuestra pareja. ¡Expertos!

Romper *consentido* (1): forzar al otro

Forzar al otro es otra manera de fastidiar el Buen Sexo, que debería ser *consentido*. Cuando uno escucha la palabra "forzar", puede pensar rápidamente en el término "abuso". No voy a desarrollar el tema del abuso sexual, ya que eso requeriría un espacio y un libro propio. Aquí no pretendo hablar ni profundizar sobre el abuso sexual en la infancia, ni las violaciones, ni la violencia sexual fuera del matrimonio, que desde luego son temas que también afectan en cómo una persona vive las relaciones sexuales, pero no es el foco de este capítulo. Por favor, si esto es algo que te está sucediendo a ti, busca ayuda. Acude al Anexo I de este libro y encuentra a alguien que te ayude a salir de esa situación.

Quiero hablar sobre el abuso que se puede dar dentro del matrimonio. Al igual que en el noviazgo, el consentimiento, lamentablemente, es algo que se da por sentado, en vez de algo buscado de forma intencional. En este capítulo, voy a hablar de aquellas situaciones en las que se puede experimentar manipulación emocional, intimidación, coerción, control excesivo y/o negligencia.

En mi experiencia en consulta, he trabajado con personas que han llegado a forzar a su pareja sin ser abiertamente conscientes de ello, pero no por eso han causado menos daño.

En ocasiones, las personas llegan al matrimonio desconociendo el significado profundo del consentimiento y que el Buen Sexo es *consentido*. Mi consejo es que, en cuanto a las relaciones de penetración y otras actividades genitales, es mejor ajustarse al que tiene menos deseo.

Comentarios como estos son manipulación:

- "Tengo una necesidad y tienes que ayudarme".
- "Si no lo haces, es que no me quieres".
- "La Biblia dice que tu cuerpo es mío".
- "Creo que mi compañero de trabajo me quiere más que tú por cómo me mira".
- "Me prometiste un hijo; me tienes que penetrar ya".
- "La Biblia dice que no te niegues".

Culpar, forzar o hacer sentir mal a tu pareja para que ceda a tener sexo no está bien; es manipulación. Puede que pase de forma inconsciente, pero eso no lo excusa. Si esto está pasando, sugiero tomar una pausa con las relaciones genitales y buscar ayuda (Anexo I) para aprender a respetarse y amarse el uno al otro. Es muy posible que parte del problema sea no conocer suficiente los gustos de la persona de menor deseo para poder crear el ambiente y el espacio adecuados para que se relaje y pueda disfrutar de toda la experiencia.

> Recuerda la regla de oro:
> · Intimidad a diario
> · Relaciones genitales frecuentes
> · Penetración cuando se pueda/quiera

El Buen Sexo requiere consentimiento, que cada uno entienda que nuestros cuerpos juntos forman el matrimonio. Si una persona entiende la importancia del consentimiento, no verá difícil tener que adaptarse a su pareja y sus tiempos, ya que se entrega de manera voluntaria al matrimonio.

¿Con esto puede parecer que estoy en contra de que uno le proponga sexo al otro? Para nada es eso. ¡Soy promatrimonio, y promatrimonios que practican sexo genital frecuente y experimentan buenos orgasmos y tienen hijos! Para que esto pase, debe haber conocimiento de uno hacia el otro, para entender y poder ajustar y negociar los tiempos, la frecuencia y el lugar. Si nos conocemos bien, podremos tener mayor intimidad.

Por otro lado, me parece interesante que en el noviazgo el reto suele ser la tentación de cruzar líneas sexuales, y hay que usar toda la fuerza de voluntad para evitar el sexo; pero luego, en el matrimonio, hay que usar toda la fuerza de voluntad para tener momentos de intimidad tanto no genital como genital. Recuerda que la lucha no es contra tu pareja (sangre y carne), sino contra potestades y principados (Efesios 6:12). Si a ti o a tu pareja os cuesta demasiado tener intimidad sexual, puede ser un buen momento para pedir ayuda. Consulta el Anexo I para más información.

> Cualquiera de los dos puede decir que no a una práctica específica, pero no puede ni debe negarse a tener intimidad, a conocer y a conectar.

Recuerda que la respuesta sexual se aprende. Usa las preguntas dentro de este y del capítulo 10, para abrir el tema y poder conversar. Estudia a tu cónyuge. Hazte experto en él o ella.

Romper consentido (2): castigar con abstinencia

Otra forma de manipulación que rompe el consentimiento es castigar a tu cónyuge con la abstinencia.

El sexo es una herramienta de conexión. No ha sido diseñado para usarse como castigo o disciplina. Como ya hemos observado, cualquiera de los dos puede decir que no a una práctica específica (por ejemplo, la penetración) pero ninguno puede ni debe negarse a tener intimidad (a conocer y a conectar con el cónyuge, aunque sea sin contacto genital y con la ropa puesta).

Esto es muy importante, porque hay muchas parejas que usan el sexo como premio/castigo, en vez de como una herramienta de comunicación y conexión.

La intimidad es vital tanto en momentos difíciles como en momentos buenos. En cada etapa y estado se realizará de una forma distinta, pero debe estar presente.

Si entendemos que el Buen Sexo es *consentido*, sabremos que se trata de "nosotros", no de mí. No es mío para manipular con castigos o penitencias ni para retirar a mi antojo.

IMPORTANTE: me estoy refiriendo a una relación sexual sana y respetuosa. Si hubiera infidelidades, insultos o cualquier tipo de abuso, la abstención de relaciones sexuales y de momentos de intimidad podrían estar justificados para preservar la integridad psico-emocional del matrimonio.

Repito, si en tu relación matrimonial hubiera elementos de abuso (verbal, sexual, físico), violencia, adicciones o cualquier otra situación que haga peligrar tu vida o salud, por favor, no tengas reparo en buscar ayuda. En el Anexo I hay más información sobre este paso.

El Buen Sexo es *mutuo y consentido*

El Buen Sexo es *mutuo*. Eso significa que los dos tienen necesidades, miedos y anhelos, y que la relación debe ser bidireccional. Es también *consentido*. Es una experiencia en la que los dos se entregan al matrimonio y en la que aprenden a negociar y pactar de forma constante.

Para que esto funcione, los dos deben estar implicados y comprometidos con la relación, buscando cada uno el placer y el disfrute del otro. Cuando nos hemos subido al primer escalón de *íntimo* y estamos conectados, es cuando podemos ir al segundo, comunicando y aprendiendo sobre nuestras diferencias y anhelos, de manera que ninguno se siente forzado ni manipulado.

Si no se entiende *mutuo y consentido*, pueden llegar las disfunciones sexuales, la acumulación de experiencias negativas y la desconexión entre la pareja. Cuando entramos en una conexión entre dos personas distintas entre sí, con sus anhelos escuchados y atendidos, es cuando los matrimonios empiezan a experimentar el mejor sexo, el Buen Sexo. En el siguiente capítulo, vamos a descubrir cómo subirnos al tercer escalón: el *placentero* del Buen Sexo. Dios no creó un sexo aburrido, sino *placentero*.

EL
BUEN
SEXO

PARTE TRES
Placentero

7

El placer y la creatividad en el sexo son de Dios

El Buen Sexo es diseñado por Dios y es *placentero*. Sin embargo, mucha gente (incluso dentro de la iglesia) diría que Dios está en contra del placer en las relaciones sexuales, aunque él las permita. Piensan que el sexo divino está compuesto por "dos penetraciones semanales, en la posición básica (del misionero), solamente para conseguir la procreación".

Ven el sexo que se plasma en las películas o lo que supuestamente tienen los demás y piensan que esas personas tienen acceso a más placer que el que está reservado para los creyentes. Consideran el sexo de Dios como aburrido y simple. ¿Dios está en contra del placer en el sexo? No, ¡no es así!

> ¿Dios está en contra del placer y la creatividad dentro de la relación sexual matrimonial?

La Biblia contiene pasajes eróticos y un mensaje para los matrimonios sobre cómo pueden ser sus relaciones sexuales. Cantar de los Cantares no solo es una canción, sino el *hit* número uno —el cantar de todos los cantares—. Además de dirigirnos a Cristo, el esposo de la Iglesia, está ahí para enseñarnos que el sexo que ha creado Dios es apasionante, creativo, hermoso y *placentero.*

Yo dije: "Subiré a la palmera,
asiré sus frutos".
¡Sean tus pechos como racimos de la vid,
el perfume de tu aliento como manzanas,
y tu paladar como el mejor vino!
Entra suavemente el vino en mi amado,
como fluye por los labios de los que se duermen
(Cantar de los Cantares 7:8-9 LBLA)

Ven, amado mío, salgamos al campo,
pasemos la noche en las aldeas.
Levantémonos temprano y vayamos a las viñas;
veamos si la vid ha brotado,
si se han abierto sus flores,
y si han florecido los granados.
Allí te entregaré mi amor.
(Cantar de los Cantares 7:11-12. LBLA)

Para poder descubrir más acerca del placer, vamos a aprender sobre los sentidos y el cuerpo. Cuando entendemos cómo hemos sido formados, podemos disfrutar de todo lo que Dios tiene para nosotros.

Cómo experimentamos placer

Nuestros cuerpos son capaces de percibir estímulos y experimentar placer a través de los cinco sentidos: vista, oído, olfato, gusto y tacto. Personalmente, hay algo muy placentero cuando veo (vista) un amanecer o un atardecer. Percibir diferentes tonalidades de naranja, rojo, púrpura, amarillo y azul, me llena de una sensación de bienestar. Seguro que en mi cuerpo aumenta la serotonina y la dopamina al visualizar tal belleza, sobre todo si está acompañada de una buena taza de té, que también me proporciona placer (gusto y olfato).

Dios capacitó a los seres humanos para experimentar placer a través de cada sentido. Es un don que él nos dio. ¡Qué increíble y qué regalo para todos nosotros! El placer sexual, para los que como tú están casados, es una continuación de ese don y una forma de seguir comunicando el amor y aprecio que tienes por tu cónyuge. Cuando conoces bien a tu pareja, puedes escoger amplificar ciertos sentidos para aumentar su placer.

El sexo es más que toque físico

Cuando trabajo con parejas en la consulta, les pregunto si han oído hablar de los cinco lenguajes del amor de Gary Chapman.[1] Muchas veces, uno me responde: "¡Mi lenguaje del amor es el sexo!". Sin embargo, el sexo genital no es un lenguaje del amor. Eso es limitar demasiado el concepto de sexo. El sexo puede y debería involucrar los cinco sentidos (vista, oído, olfato, gusto y tacto). También debe abarcar los cinco lenguajes del amor, que son:

- Palabras de afirmación
- Tiempo de calidad
- Regalos
- Actos de servicio
- Toque físico

Todos estos lenguajes pueden actuar como elementos de excitación sexual. A continuación, algunos ejemplos:

- **Palabras de afirmación:** antes de la relación, esta se verbaliza y juntos sueñan en cómo será. Durante el acto, uno da retroalimentación de todo lo que le está gustando.

- **Tiempo de calidad:** no será lo mismo un encuentro rápido y fugaz, que aquel en el que tienes tiempo para poder estar realmente y dedicarte a tu pareja.

- **Regalos:** llegar a un momento de intimidad genital y que la pareja te sorprenda con algún regalo para hacer ese momento algo más especial.

- **Actos de servicio:** llegar a casa y que tu pareja ya haya bañado a los niños y les haya buscado alguien que se los lleve y los cuide durante cuatro horas. Te ha dejado la bañera lista con velas para que puedas ir a bañarte.

- **Toque físico:** durante el encuentro íntimo, la pareja se acaricia y se besa. Vuelve a acariciarse, besarse, y abrazarse, sin perder el contacto físico.

Todas estas acciones pueden producir y aumentar la excitación sexual; y todo puede ser placentero. Las personas casadas deberían sentirse amadas a través de las relaciones genitales e íntimas con su pareja. De nuevo, si hemos reducido el sexo a la penetración o a una serie de pasos que se realizan siempre en el mismo orden, puede ser que solo un miembro de la pareja (o ninguno) lo vea atrayente o placentero. Pero, cuando ampliamos la vista, vemos que el sexo es placentero, amplio, creativo, abarca todos los sentidos y todos los lenguajes del amor.

¿Ves lo importante que es el escalón de *íntimo* cuando contemplamos el sexo? Nos permite conectar y conocer para darnos cuenta de que no somos iguales, y así subir al siguiente escalón *mutuo y consentido.* Cada uno tiene que estudiar a su pareja —hacerle preguntas— y ofrecer una devolución de información para aprender cómo honrarla y ayudarla a llegar juntos al tercer escalón: *placentero.*

Nuestros genitales y el placer

¿Cuál es la relación que tenemos con las partes íntimas? ¿Fue el plan del Creador desde el principio que experimentemos placer en el acto sexual? Descubramos más sobre la construcción y el funcionamiento que tienen nuestros genitales, órganos creados y regalados por Dios a la humanidad.

Funciones y anatomía

Yo soy partidaria de llamar a los genitales por sus nombres. El hombre tiene pene y testículos, y la mujer tiene vulva (la vagina es parte de la vulva). Ahora que sabemos sus nombres, ¿para qué sirven?

El pene tiene tres funciones. ¿Puedes adivinar cuáles son? Te doy una pista: una es el resultado de beber mucha agua, otra tiene que ver con los bebés y la tercera está en el título del capítulo que estás leyendo. ¿Ya las tienes?

Las tres funciones del pene son:

1. Orinar
2. Reproducir
3. Transmitir placer

¡Bien! El pene tiene una abertura y con ella hace un tres en uno. Hay otros elementos involucrados en la reproducción, pero por ahora esto nos sirve.

Ahora, ¿por dónde orina la mujer? Quizás, como la mayoría de personas a quienes le hago esta pregunta, no lo sabes. Está bien. ¡Formas parte de la mayoría! Algunos me llegan a contestar "por allí abajo". Si has contestado la uretra, entonces has acertado (y, si no, ahora ya lo sabrás para la próxima vez). La mujer orina por la uretra.

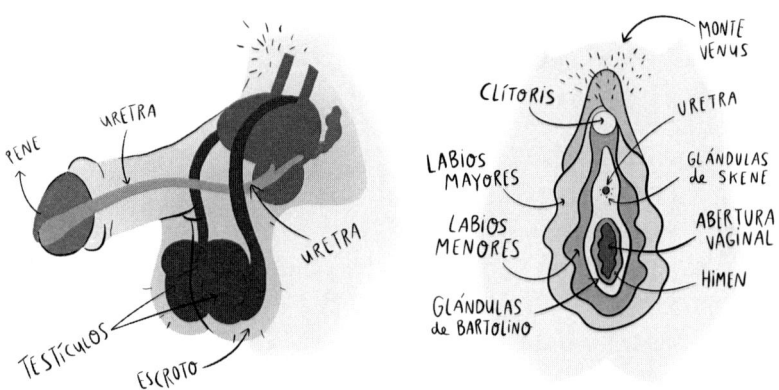

Y, ¿por dónde se reproduce? Por la vagina. La vagina es un canal por donde entra el pene, por donde se expulsa la menstruación y por donde sale el bebé. En la reproducción, también estarán involucrados los ovarios, el útero, las trompas de Falopio y más. Pero, para lo que nos interesa en este capítulo, la apertura femenina relacionada con la reproducción es la vagina.

Y, ¿por dónde experimenta placer la mujer? Por el clítoris, uno de los órganos más importantes en el placer femenino. (Hay más, y por favor no te olvides de la piel o los pechos, pero en este caso, nos estamos enfocando en elementos visibles de la vulva). El clítoris es una estructura de longitud parecida al pene, pero solo una parte muy pequeña es visible externamente. Internamente, se extiende por los labios mayores, el perineo y rodea el tercio inferior de la vagina.

Las mujeres no son "tres en uno" como los hombres. Ellas tienen un aparato distinto para cada función. ¿Por qué Dios las creó así?

La vagina es un canal alargado y rugoso, con poca sensibilidad (donde más hay es en la apertura vaginal —en la entrada—). El clítoris es una estructura que contiene miles de terminaciones nerviosas y que es muy sensible,[2] sobre todo en la parte visible, el glande (la punta). Tiene varias funciones, una de ellas es que, al excitarse, facilita la capacidad reproductiva.[3] Pero la más importante y conocida es su relación con el placer sexual femenino.

¿Por qué la vagina es menos sensible que el clítoris? ¿Es que Dios quería que las mujeres no disfrutaran tanto en la penetración? Ya hemos visto que Dios sabe que las mujeres tienen una necesidad sexual según 1 Corintios 7. Entonces, ¿por qué estas diferencias? Pues tiene que ver con el proceso del parto.

> ¿Por qué la vagina es menos sensible que el clítoris? Tiene que ver con el parto.

Si has escuchado alguna historia de un parto o (como mujer) lo has experimentado, ya sabrás que dar a luz es un proceso doloroso en la mayoría de los casos. El cuerpo de la mujer está maravillosamente preparado para crear y sostener una nueva vida. Ahora, para sacar ese bebé de su cuerpo, el canal vaginal se tiene que poder flexibilizar y estirar de forma asombrosa. Justamente es posible, en parte, porque no hay tanta sensibilidad en estas zonas.

Si Dios hubiera extendido el clítoris o hubiera colocado otros nervios muy sensibles en toda la vagina, el dolor del parto sería simplemente inaguantable.

- Para las lectoras femeninas, imagina por un momento sacar un hijo por la vagina, pero con la sensibilidad que se tiene en el clítoris. ¿Suena agradable?

- Para los lectores masculinos, imagina sacar una pelota de tenis por la uretra del pene. Doloroso, ¿verdad?

Mira cuán sabio es Dios: concedió separar la estructura de placer (el clítoris), de la de la reproducción, para que las mujeres pudieran parir y disfrutar del placer del sexo. Dios podría haber creado a las mujeres sin órgano de placer, con solo la vagina para recibir el pene y sacar al bebé. Pero quiso crearlas con capacidad para disfrutar y procrear. Separó las partes y los procesos con sabiduría.

Reproducción y placer

Piensa por un momento en el primer mandamiento que Dios les dio a Adán y Eva en Génesis:

Los bendijo Dios y les dijo: "*Fructificad y multiplicaos*; llenad la tierra y sojuzgadla…" (Génesis 1:28a, RV20, cursiva añadida).

¿Cuántas generaciones habría sobrevivido la humanidad si el sexo no fuese placentero?

Reflexiona en la energía gastada y el esfuerzo real implicados en obedecer ese mandamiento de "fructificar y multiplicarse". El acto sexual es delicado, supone tiempo, negociación y consentimiento, etc. ¡Es mucho trabajo!

Si el sexo no fuese placentero, ¿cuánto tiempo piensas que habría sobrevivido la raza humana? Yo no apostaría por más de una o dos generaciones antes de que la humanidad se cansara de "obedecer" este mandato de tener hijos y multiplicarse.

El placer sexual lo creó Dios. Es un don que, además de crear conexión química y sentido de pertenencia, ¡es vital para la supervivencia de la humanidad!

Parecidos y diferencias en los órganos del placer

Ahora que sabes que Dios creó el placer, vamos a averiguar cómo de diferente eres con tu pareja y también lo que tienes en común. Veamos qué parecidos y diferencias hay entre el clítoris y el pene a nivel de estructura y excitación.

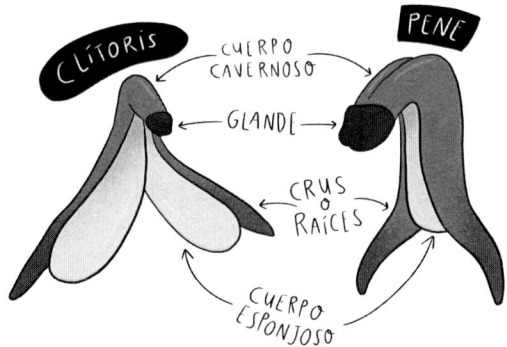

Parecidos:

- Los dos tienen un tamaño parecido.
- Los dos están encargados del placer sexual.

Diferencias:

- El pene es visible en su mayor parte, mientras que del clítoris solo se ve una pequeña parte (el glande).
- El pene puede recibir caricias en casi cualquier momento. El clítoris en frío no suele disfrutar de las caricias, sino que requiere estar en situación de excitación para disfrutarlas.

Debido a estas diferencias, la manera de acercarse a un hombre o a una mujer será diferente, porque sus genitales responden de formas distintas. Pero eso no es todo. Hay que tener en cuenta la relación que un hombre o una mujer tiene con sus genitales.

IDEA: en esta próxima sección del libro, recomiendo que puedas contrastar con tu cónyuge (o alguien del sexo opuesto, si eres soltero/a), ya que a veces las diferencias son tan grandes que, si no lo compruebas por ti mismo, no me vas a creer. Entonces, busca a tu pareja y a leer.

La relación con los genitales (varón)

Los varones entran en contacto con sus genitales desde pequeños. La mamá, papá o cuidador del niño le enseña a agarrarse el pene para poder orinar ya con aproximadamente dos o tres años.

A partir de estas instancias y el resto de su vida, el niño toca su pene por lo menos una vez al día al orinar. Su pene es visible, lo ha visto, lo ha tocado, lo ha incorporado como una parte más de su cuerpo. Esto no es sexualizado, simplemente está ahí.

Para los hombres, su pene es una extensión de su persona, es parte real de ellos y representa su masculinidad.

En la mente de un hombre "mi pene soy yo y yo soy mi pene". No hay desconexión entre los dos. Es una representación de su masculinidad y de su persona.

La relación con los genitales (mujer)

Cuando eran niñas, algunas mujeres recibieron información sobre los nombres de sus genitales y cómo higienizarse. Sin embargo, he observado que la mayoría no saben cómo se llaman sus genitales, ni cómo es su estructura. Quizás nunca los han visto, ya que se requiere un espejo para verlos bien. De niñas, muchas no han recibido ningún tipo de orientación sobre esa parte de su cuerpo. Si alguien les enseñó a higienizarse, seguramente fue "rápido" y, a veces, con sensación de sucio o malo. La niña crece con "eso ahí abajo", pero sin darle mucha importancia.

> Para las mujeres, su vulva no les representa, no representa su feminidad, y muchas están desconectadas de esa parte de su cuerpo.

Para muchas chicas, el primer encuentro real con su vulva pasa en la adolescencia con la llegada de la pubertad y, con ello, de la menstruación. De repente, hay sangre (algo que había sido asociado a dolor y muerte). Aunque se acerca a mamá en confianza, puede que en breve todo el mundo lo sepa y sea noticia pública.

A partir de aquel momento, los genitales femeninos anuncian su existencia cada mes con la menstruación. Para muchas chicas, "la regla" (período o menstruación) es vivida con agobio y a veces con dolor. Muchas adolescentes, con esto, se desconectan aún más de sus genitales.

Para la mayoría de las mujeres, su vulva no le representa ni es un símbolo de su feminidad. Existe y punto; está ahí.

Para resumir, los genitales masculinos son visibles y los hombres interactúan y se suelen identificar con su pene. Los genitales femeninos son difíciles de apreciar sin espejo y, a nivel sociocultural, son menos conocidos.[4] ¿Crees que nuestra forma de interactuar o de identificarnos con nuestros genitales puede afectar al matrimonio? Veamos.

Dios los crea y ellos se juntan

Aquí os quiero contar la historia de Pedro y María. Llevan siete años casados y no tienen hijos.

Pedro está llegando a casa y viene recordando lo mucho que ama a su esposa y las ganas de demostrárselo. Ella está en la cocina delante de los fogones. Se da la vuelta para darle un beso y él extiende una mano para acariciarle la vulva.

María se da la vuelta frustrada, "qué pesado, déjame en paz". Él se aleja triste, no entiende por qué ella no acepta sus caricias. Pone la mesa y se sienta a revisar tareas del trabajo.

A los minutos, María se acerca y le roza el hombro. "¿Qué tal tu día?", le pregunta. "Bien", contesta Pedro. Se vuelve para mirarle un segundo y vuelve a sus papeles. María retira la mano triste, no entiende por qué Pedro no responde a sus caricias.

El hombre cree que la mujer es como él. La mujer cree que el hombre responde como ella. En esta historia, Pedro y María no se han conocido lo suficiente y no han entendido lo diferentes que son. En verdad, cada uno está intentando transmitir el mismo mensaje: "te amo, te veo, te quiero", pero ninguno lo está haciendo de manera que el otro lo pueda entender.

La mujer, por norma general, no aprecia caricias en frío a sus genitales o zonas erógenas (pechos, glúteos, entrepierna). Puede ser que esté desconectada de ellas o no sienta que la identifican. Entonces, si uno va primero allí, ella pone en duda si quiere sus genitales o si la quiere a ella.

Para el hombre, eso no tiene sentido. Sus genitales y él son uno, es lo mismo. Si él toca los genitales de su mujer, piensa que ella lo va a entender, que lo hace para demostrar que ella le atrae, lo hace para honrarla.

En este caso, María, usa una pregunta o una caricia suave en zonas como la espalda, el hombro, la mano o la rodilla, para llamar la atención de su pareja. Ella quiere hacerle entender que está allí y poco a poco acercarse a zonas más íntimas. En su mente, tocar los genitales en frío es una falta de tacto o hasta una muestra de lujuria y normalmente no lo haría como primer punto de contacto, sino que toca la rodilla o el hombro.

Pedro no responde a esas caricias. No piensa que son importantes, porque no van al grano. No le están despertando su impulso sexual. No lo ve como una muestra de atracción o de sexualidad.

Obviamente, son generalizaciones. Hay mujeres que no se sienten así y hombres que prefieren una caricia suave que un toque genital. Lo que quiero destacar es que somos diferentes. No solo entre los hombres y las mujeres, sino también cada individuo tiene deseos y reacciones distintas.

Para saber cómo se relaciona alguien con sus genitales habrá que tomar en cuenta si es hombre o mujer, su pasado, su cultura familiar y sus experiencias interpersonales. Todo eso ayuda a determinar cómo interpretas el toque del otro o cómo llegas a experimentar placer. En resumen, tienes que *conocer* a tu cónyuge.

> Para saber cómo se relaciona alguien con sus genitales, habrá que tomar en cuenta si es hombre o mujer, su pasado, su cultura familiar y sus experiencias interpersonales. Tienes que *conocer* a tu cónyuge.

Recuerdo estar hablando de esto en un grupo de parejas casadas, cuando una mujer levantó la mano. "Entonces, ¿mi marido no es un monstruo depravado que solo quiere mis pechos?". "No, no lo es", le contesté. Como ella, muchas mujeres se sienten mal cuando su esposo va directo. Pero lo más seguro es que sea un fallo de comunicación y de educación en el Buen Sexo. El marido está realizando gestos que él interpreta como actos de amor u honor y la esposa no está sabiendo explicar lo poco amada que se siente en esas situaciones, ni lo que ella desearía, y viceversa.

Ejercicio práctico
¿Cómo me acerco sexualmente?

Pareja: usad este capítulo para hablar juntos sobre cómo honrarse el uno al otro, cómo hacerse sentir amados y disfrutar con placer en la relación sexual.

Mujer, conoce a tu esposo. Pregúntale:

- ¿Cómo te puedo acariciar cuando te veo atractivo?
- ¿Qué es lo que te gustaría que hiciera si tengo ganas de empezar algo más genital?
- ¿Cómo te puedo hacer sentir guapo o atractivo?
- ¿Cómo puedo hacerte sentir que eres un buen amante?

Hombre, conoce a tu esposa. Pregúntale:

- ¿Dónde te puedo tocar o acariciar cuando te veo atractiva?
- ¿Cómo te gustaría que te indicara que quiero tener un momento íntimo y posiblemente genital contigo?
- ¿Cómo puedo hacerte sentir atractiva?
- ¿Cómo puedo hacerte sentir como una buena amante?

¡Recuerda que sois diferentes y que las respuestas pueden ser muy distintas! Puede que a la otra persona le cueste o le dé vergüenza hacerlo tal y como se lo planteas. ¡Está bien! Tienes toda la vida por delante para practicar e ir avanzando. Aquí es donde entra en práctica el *consentido*: entrégate, negocia, propón y realiza un acercamiento paulatino. Quizás no puedes hacer todo lo que él o ella desea en este primer momento, ni puedes tener todo lo que quisieras a la primera. Pero ahora los dos os conocéis un poco más. Es un primer paso.

> **OJO:** aunque seáis diferentes, esto **no da pie a prácticas abusivas**, violentas, ni que denigren. Al punto del sexo placentero se llega una vez que se entiende que es íntimo, mutuo y consentido.

Hombre lector: si estás casado, tienes que conocer los genitales de tu esposa y aprender cómo darle placer según las características de los órganos sexuales. Recuerda que, por norma general, es mejor empezar las caricias en zonas menos sensibles, como en las manos, los brazos, los pies o la espalda, en las que ella está más conectada, y dejar que ella te indique cuándo es el momento de tocar los genitales. Una vez que ella está en caliente, recuerda que el clítoris es su órgano principal de placer. Muchas mujeres están desconectadas de sus genitales y necesitarán saber y sentir que conectas primero con ella y no con su vulva.

Mujer lectora: si estás casada, tienes que aprender a amar el pene de tu esposo y descubrir cuán diferentes son sus genitales. Por norma general, ellos están más dispuestos a recibir caricias directas a las zonas erógenas, ya que lo consideran una parte conectada a su identidad y masculinidad. Puede ser extraño o incómodo, pero pregúntale cómo se sentiría y descubre sus preferencias.

El sexo que Dios ha creado es *placentero*. No es aburrido, ni rutinario. Cuando te dedicas a *conocer* al otro, vas descubriendo la maravilla del cuerpo humano y las particularidades de tu cónyuge. Descubres que tu pareja tiene deseos y necesidades diferentes de los tuyos (*mutuo*). Cuanto más conoces las distinciones, más puedes disfrutar y hacer disfrutar al otro.

El cuerpo es una maravilla

> Te alabaré, porque asombrosa y maravillosamente he sido hecho; maravillosas son tus obras, y mi alma lo sabe muy bien. (Salmos 139:14, RV20)

¡Guau! ¡Qué maravilla son el cuerpo y los genitales! ¡Cuánta atención le puso Dios a los detalles! Al aprender más sobre cómo Dios te ha creado, puedes mirar de nuevo pasajes de la Biblia que hablan del sexo y ver las referencias al placer.

> Mi amado metió su mano por el resquicio
> de la puerta
> y mi corazón se conmovió dentro de mí.
> Me levanté para abrir a mi amado
> y mis manos gotearon mirra:
> ¡de mis dedos corría la mirra
> sobre el pestillo de la cerradura!
> (Cantares 5:4-5, RV20)

> Sea bendita tu fuente,
> y regocíjate con la mujer de tu juventud,
> amante cierva y graciosa gacela;
> que sus senos te satisfagan en todo tiempo,
> su amor te embriague para siempre.
> (Proverbios 5:18-19, LBLA)

La Biblia usa metáforas, paralelismos y descripciones ricas para todos los sentidos, para expresar que el sexo matrimonial es un don de placer y disfrute para la pareja.

Al conocer tus diferencias y cómo has sido creado, puedes subirte al tercer escalón y ver que **el Buen Sexo es *placentero*.** Ahora, esa búsqueda de placer puede llevar a desviarse mucho del plan de Dios. En el próximo capítulo, vamos a ver cómo buscar el placer según el Buen Sexo y cuáles son los peligros que debemos evitar.

8

Quedarte sin placer en el sexo es desviarte del plan de Dios

He dado charlas a matrimonios por todo el mundo y una de mis partes favoritas es explicarles que el sexo de Dios es *placentero*. Cuando dos cónyuges comprometidos con Dios y el uno con el otro descubren el placer que Dios ha ideado para ellos en su unión, trae transformación. Personalmente, creo que, si los matrimonios cristianos empezaran a experimentar el Buen Sexo, y con ello redescubrieran el placer, esto podría cambiar el mundo.

Dicho eso, muchos aún no están en ese punto. Hay muchas maneras de matar el *placer* del Buen Sexo o dejarlo entumecido o mal direccionado. En este capítulo, voy a mencionar algunas de las más frecuentes, para que puedas mantenerte lejos de ellas. Son las siguientes:

- Maldecir tu habilidad para sentir placer
- Separar el placer de la intimidad

- La rutina
- Vivir en ansiedad con metas equivocadas
- Relacionar el sexo con el dolor
- Consumir pornografía

Mi meta no es desarrollar una lista extensa de todas las maneras, sino proveer algunas pautas para que, a partir de aquí, puedas determinar dónde trabajar para alinearte aún más al placer que Dios ideó para tu matrimonio.

Matar *placentero* (1): maldecir tu habilidad para sentir placer

Cada persona tiene un pasado. A algunos, lo que han vivido en relación con el sexo y la sexualidad los ha llevado a maldecir su habilidad para sentir placer. Mira el caso de Lucy:

Un familiar abusó de mí desde los 12 hasta los 16 años. Yo sabía que lo que él hacía estaba mal, pero a la vez en mi cuerpo sentía placer. Fue una época muy confusa porque no lo quería, pero a la vez me gustaba esa sensación en el cuerpo.

Más tarde, todo "eso" me daba asco. Con 14 años, juré que nunca más quería sentir placer. ¿Por qué Dios permitía que yo pudiera disfrutar de algo tan malo y tan feo? A partir de ese momento, ya no disfruté de nada sexual.

Ahora tengo 32 años y llevo casada cuatro, pero me sigue costando mucho sentir placer físico. Es como si mi cuerpo se hubiera apagado.

Personas como Lucy, que han vivido un abuso sexual u otro tipo de trauma, pueden llegar a "maldecir" o apagar el placer. Esto lo hacen como mecanismo de defensa. Es algo funcional, ya que les ayuda a sobrevivir a la situación en la que se encuentran, pero a la larga les condiciona.

Otros casos que he encontrado tienen que ver con personas que han consumido pornografía, se han masturbado o que han tenido experiencias sexuales previas al matrimonio. ¿Por qué? Porque luchaban con sentimientos de condenación y vergüenza, o bien porque, para cambiar sus hábitos, apagaron su capacidad de experimentar placer o asociaron el asco a toda conducta sexual. De nuevo, en el momento inicial pudo ser funcional, pero no es así como Dios quiere que sus hijos vivan su sexualidad a largo plazo.

Si esto está pasando en la actualidad, es importante que la pareja pueda saber frenar y detenerse para que el o la superviviente del abuso pueda encontrar la ayuda que necesita para volver a conectar con su cuerpo.

En el Anexo I puedes encontrar información para guiarte a pedir ayuda, sea que hayas pasado un abuso sexual, o cualquier situación que lleve a que hayas desconectado de tu cuerpo.

Matar *placentero* (2): separar el placer de la intimidad

Otro ejemplo parecido y mucho más frecuente son las personas que separan el placer de la intimidad. Por la razón que sea (por ejemplo: por haber sido dañados anteriormente, por aburrimiento, por falta de tiempo), la persona decide no abrir su corazón a la intimidad y a ser conocido.

Al apagar el corazón e intentar que el placer del cuerpo no se conecte con el alma, suelen opinar que el sexo es "solo sexo". Intentan centrarse en el disfrute de la carne sin que el alma sea desnudada.

> Separar el sexo de la intimidad hace que sea "solo sexo genital" y llega un momento que el placer queda vacío.

El resultado suele ser que se llega al aburrimiento y la rutina. Han cerrado el grifo a la *intimidad* y eso hace que el placer quede vacío. Aunque el cuerpo físico puede excitarse, esa excitación y el disfrute no serán tan profundos ni tan duraderos, a menos que el corazón y la mente también estén involucrados. Cuando hablamos del placer dentro del Buen Sexo es porque todavía resulta más *placentero*, justo porque es *íntimo, mutuo y consentido*.

Dicho eso, debemos aclarar que dentro del matrimonio hay espacio para que el sexo pueda ser pura pasión y búsqueda de placer genital y un sexo muy físico, sin tener mucha conversación. Pero esto solo será placentero y sostenible a la larga si se ha creado sobre el escalón de intimidad espiritual, emocional y física en el camino de la relación, porque el placer genital será un momento más dentro de las demás experiencias *íntimas* que la pareja tenga.

Matar *placentero* (3): la rutina

La rutina, tan importante y a la vez tan letal, puede estorbar el placer. Hay parejas que encuentran ciertos hábitos en los que ambos se sienten satisfechos. Esto es genial y, si es tu caso, ¡adelante! Lo que debemos diferenciar es entre tener un ritmo de horario y hacer las cosas siempre de la misma manera.

Muchos matrimonios pueden empezar con una rutina de actividades sexuales que les gusta, pero posteriormente ya no les funciona. Puede ser tentador culparse a uno mismo o al cónyuge. Pero, hay que hablar *(en frío y con la ropa puesta)* de cómo variar un poco para volver a estar presentes en la relación. Y esa debe ser la meta, estar presente. No hace falta estar siempre innovando y teniendo que romperte la cabeza de forma creativa, sino cómo *estar*.

Una forma de estar presente es aprender y apreciar cosas *nuevas* el uno del otro constantemente. Ser curioso y descubrir algo te conecta al aquí y ahora. Esto une el placer físico al placer y a la estabilidad emocional que has construido a lo largo de los años.

Se puede aprender sobre las cosas físico-sexuales (caricias, posiciones, cambios de espacios físicos, etc.), pero también se puede redescubrir a la persona como tal (su libro, película o canción favorita del momento actual; sus vacaciones soñadas o alguna aventura que le gustaría realizar). Estas "novedades" refrescan y renuevan la relación en general, y ayudan a romper la rutina y a estar presente.

Ejercicio práctico
Redescubriendo el sexo

Te dejo algunos ejemplos más de cómo convertir tus encuentros sexuales en experiencias novedosas, llenas de exploración y descubrimiento tanto dentro como fuera de la cama.

En frío y con la ropa puesta (fuera de la cama):

· Descubre lo que le hace sonreír.

· Descubre lo que necesita para sentir tu amor.

- Haz preguntas específicas sobre lo que le está gustando y lo que no le apetece física y genitalmente en esta época de su vida.

- Ofrece respuestas sobre tus gustos.

- Ten momentos a diario de conexión no genital. Esto puede ser un halago, un roce, una caricia, una mirada, un abrazo o una muestra de intencionalidad (algo que le dice "eres mi prioridad").

Dentro de la relación sexual:

- Aumenta el tiempo de las caricias no genitales (rétate para ver cuánto tiempo puedes estar sin tocarle sus zonas erógenas).

- Asegúrate de que haya pocas distracciones, para que cada uno esté centrado y relajado.

- Permite que tus dedos reconozcan cada curva, cicatriz, arruga y lunar de tu pareja.

- Permite que tus ojos memoricen cada mancha, pelo y centímetro de su cuerpo.

- Modifica los horarios (si lo hacéis de noche, prueba por la mañana o al mediodía).

- Modifica los espacios físicos (si siempre se hace en la cama, prueba en otro espacio de la casa como el sofá, en la cocina o en el suelo de la habitación, siempre que sea seguro que no os vayan a sorprender en el acto).

- Modifica la posición (mujer encima o debajo, de lado, de rodillas, sentados, etcétera).

Matar *placentero* (4): vivir en ansiedad con metas equivocadas

La respuesta ante el estrés (ansiedad) es una herramienta creada por Dios para ayudarnos a combatir las amenazas. Algunos síntomas de la ansiedad son:

*   Tener el corazón acelerado
*   Atención en hiperalerta
*   La mente preocupada
*   El sistema digestivo y el de excreción frenados o distorsionados
*   Caída de pelo, debilidad de las uñas (hormona de crecimiento frenado)
*   Sueño alterado (frenado)
*   Etcétera

La ansiedad es un recurso importante para luchar o huir de una amenaza física. Desvía toda la energía de sistemas menos urgentes (digestión, evacuación, crecimiento y sueño) hacia los que son imprescindibles para hacer frente al peligro inminente. Bombea oxígeno a los músculos y pone la mente en un estado hiperalerta. Es una reacción perfecta para evitar peligros, ¡pero es horrible para poder tener un orgasmo!

> ¿Sabías que la ansiedad puede impedir o empeorar la experiencia del orgasmo?

El placer sexual (en concreto, el orgasmo) requiere excitación y también cierta calma para funcionar.[1] La preocupación y la ansiedad pueden afectar a la libido (el deseo de tener sexo) y también al placer.

Esto se aplica a la ansiedad en general (las preocupaciones del día a día), pero también hay algunas preocupaciones relacionadas con la relación sexual genital que pueden retroalimentar la ansiedad, como:

- El deseo o ansiedad por experimentar un orgasmo a la vez
- Sentir la necesidad de tener un orgasmo "vaginal" específico durante la penetración
- La inseguridad sobre tu cuerpo o si a tu pareja le gustas
- Sentir la necesidad de tener erecciones largas y duraderas
- Pensar que hay que tener un orgasmo cada vez que haya interacción genital
- Esperar que el otro lo experimente todo como tú

Todos estos factores pueden inyectar ansiedad dentro de la intimidad matrimonial y, de esa forma, fastidiar la experiencia placentera.

A continuación, quiero desmentir estos mitos y malentendidos y así reducir la ansiedad.

Orgasmos simultáneos

Los orgasmos no tienen que ser simultáneos. El hombre y la mujer tienen genitales muy diferentes, que necesitan tiempos diferentes. Por eso, no es necesario que se experimenten orgasmos a la vez. Puede ocurrir, pero no es lo habitual y no debería ser la meta o señal del éxito. Si pasa, ¡celébralo!, pero no te obsesiones.

Orgasmo vaginal

El orgasmo no tiene que ser vaginal. El psiquiatra Sigmund Freud propuso que las mujeres con experiencia sexual tenían "orgasmos vaginales" y que las demás tenían meros "orgasmos clitorianos". Esto no es así. Recuerda lo que aprendimos sobre los genitales femeninos: uno de los órganos principales de placer es el clítoris.

Las mujeres pueden tener orgasmos de muchas formas. A través de la penetración es *una* de ellas, pero no es la más común. Aprovecho el momento para recordarte que la penetración no siempre tiene que ser el foco de la relación. De hecho, muchas mujeres prefieren más estimulación genital sin penetración o, incluso, estimulación o caricias no genitales[2][3] (y pueden experimentar o no un orgasmo con estas actividades).

Un 70 % de las mujeres no llega al orgasmo a través de la penetración exclusivamente, sino que necesita estimulación del clítoris.[4] Si estás buscando un orgasmo solamente a través de la penetración, sin entender cómo funcionan los genitales individuales de la mujer, seguramente estás limitando el placer de ella.

Inseguridad sobre el cuerpo

Quita el enfoque de ti y de tu cuerpo. Enfócate en el conjunto de los dos. La inseguridad en el cuerpo puede ser un destructor del placer. En vez de estar presente en las sensaciones corporales y la conexión con la pareja, la inseguridad puede activar la ansiedad. La atención hiperalerta que produce la ansiedad hace que la persona esté pendiente de buscar micro expresiones de disgusto o desprecio para confirmar su teoría de que su cuerpo es malo o feo. Los seres humanos solemos hacer espejo de lo que recibimos del otro. Esto significa que tu inseguridad y ansiedad en el cuerpo puede ser contagiosa y crear inseguridad y ansiedad en tu pareja, creando así una cadena.

Recuerda que tu cuerpo es creación de Dios (Salmos 139:14). Desnudar el cuerpo y compartirlo forma parte de la belleza del matrimonio.

Sé que es más fácil decirlo que hacerlo. Muchas personas van a requerir ayuda para llegar a un estado de aceptación de su cuerpo para que puedan ser amadas tal y como son por alguien. Otras van a necesitar ayuda para traer salud a su cuerpo, para que sea más cómodo moverse e interactuar. Pero no te desanimes, da un pasito en la dirección correcta y déjate conocer.

Pérdida de erección

Quita el enfoque de la erección. La pérdida de erección masculina es una de las cosas más temidas por los hombres (o por lo menos de las más vergonzosas). Sin embargo, la gran mayoría de ellos perderán la erección de forma temporal en alguna ocasión. Si sucede de forma ocasional, lo ideal es quitar la atención y la presión de tener erecciones siempre perfectas. Devuelve la atención a la conexión a través de poder hablar, tocar y seducir[5] (consulta la lista de ejercicios prácticos del punto 3: la rutina).

Si está sucediendo de forma más regular o está causando problemas en la relación, será importante tomar alguna medida. Lo primero será consultar al urólogo y descartar motivos orgánicos; mientras, de manera paralela, se busca reducir el estrés. Un psicólogo o sexólogo cristiano puede ayudar a disminuir la ansiedad o los pensamientos negativos si se detecta que ese es el motivo de la ausencia de erección.

Mientras tanto, recuerda la regla de oro: intimidad a diario (esto no requiere erección), genitalidad frecuente (esto tampoco requiere erección), penetración cuando se pueda o quiera (en esta categoría será en la que habrá que tener paciencia).

Gran parte de la intimidad de la pareja se puede realizar sin erección. No dejes que la preocupación por la erección entumezca el placer o separe a la pareja.

Orgasmo como meta de la relación sexual

No hace falta experimentar un orgasmo en cada interacción. Las películas y la pornografía han puesto mucho énfasis en el orgasmo y parece que este "hito" es lo que marca el final de la relación de intimidad. Como hemos aprendido, las relaciones íntimas (tanto no genitales como genitales) son un camino que no tiene fin. El orgasmo es buenísimo y algo muy relacionado con el placer. No es malo buscarlo, pero no debería ser la meta específica de cada interacción genital.

Hay veces que tanto el esposo como la esposa querrán alcanzar el orgasmo y allí mutuamente pueden ayudarse a llegar al clímax. En muchas ocasiones, otro tipo de interacciones pueden ser más satisfactorias que un orgasmo. Será crucial conocer a tu pareja lo suficiente, y haberse comunicado mucho, para poder ir descubriendo qué se busca en cada momento. Recuerda que la meta de una relación sexual no es alcanzar un orgasmo. La meta es conectar con la otra persona.

Ahora, la consecuencia natural de la estimulación genital es el orgasmo, y si no está sucediendo o está costando mucho, se puede pedir ayuda a un sexólogo cristiano que ayude a poder disfrutar de todas las fases de la relación sexual, incluida el orgasmo.

Experimentar el placer por igual

Cada uno experimenta el placer de forma diferente. Tu pareja no experimenta (quizás tampoco quiere) lo mismo que tú. Habrá días en los que tu cónyuge solo quiera abrazos y eso le satisfaga sexualmente. Habrá otros días en los que anhele algo más genital. No puedes asumir que el otro siempre quiere lo mismo que tú. De ahí la belleza del *yadá*.

Como estamos viendo, definir metas relacionadas con conocer y conectar nos ayudará a no traer presión y ansiedad a nuestra intimidad, y así no apagar el placer. Hay que conocer los genitales, los tiempos, los lenguajes del amor. Hay que invertir tiempo y energía en ello. Y si lo haces, tendrás mejor sexo, porque será el Buen Sexo.

Resumen

- Los orgasmos pueden ser en momentos diferentes.
- El orgasmo femenino no tiene por qué ser vaginal.
- Hay que enfocarse en "nosotros", no en los fallos de mi cuerpo.
- Quita la atención de la erección.
- El orgasmo no tiene que estar presente en todas las interacciones sexuales.
- Cada uno experimenta el placer de forma diferente.

Matar *placentero* (5): relacionar el sexo con el dolor

Una de las mentiras que corre (sobre todo en círculos cristianos) es que el sexo penetrativo duele. El sexo no debería doler nunca. Y el hecho de relacionar el sexo con el dolor es otra manera magistral de matar *placentero*. Primero aclaremos qué pasa en las primeras veces, o después de un período extendido sin coito, y luego veamos por qué aparece el dolor.

Las primeras veces o después de un período de parón

En las primeras veces o en penetraciones después de semanas o meses sin practicar el coito, se puede sentir tensión, o "estiramiento" de la zona vaginal. La vagina, tanto en su abertura como en el canal, es una estructura flexible. Hay varios músculos (los del suelo pélvico) que rodean la apertura vaginal y pueden estar más o menos tensos y más o menos abiertos.

Igual que cualquier otro músculo, cuanto más tiempo sin uso o estiramiento, más rígido puede llegar a estar, y necesitará más paciencia para entrar en calor y moverse mejor. En las primeras penetraciones o después de períodos sin coito, hay que ser más intencionales en la excitación, asegurando que hay buena lubricación y que la abertura de la vagina está flexible antes de introducir el pene.

Motivos de dolor en la penetración

Si la penetración duele, hay que parar, ya que eso no debería suceder. Detente y busca una solución para el problema. He escuchado a demasiadas parejas quejarse sobre su noche de bodas y lo qué pasó cuando intentaron forzar la penetración porque pensaron: "¡Es lo que hay que hacer hoy!". De ahí surgen muchas historias de dolor y esto no ayuda.

Los motivos principales para el dolor son:

En mujeres:

- El himen está atrofiado o muy grueso y no se rasga con la entrada del pene.
- Hay infección o heridas en la abertura vaginal.
- La abertura vaginal está tensa, rígida o es muy estrecha.
- No hay buena lubricación.

En hombres:

- No hay buen movimiento de la piel del prepucio.
- Hay infección o heridas en el pene.

> El sexo con penetración no debería doler. Si duele, hay que parar.

Para algunas de estas situaciones, la solución será acudir al médico (ginecólogo, urólogo) o a un fisioterapeuta del suelo pélvico (son profesionales que trabajan con toda la musculatura del suelo pélvico, tanto femenina como masculina).

Puede ser que el himen se haya rasgado antes de las relaciones sexuales, ya que puede pasar con ciertos movimientos bruscos. En raras ocasiones, se crea una capa más gruesa que no se rasga con la introducción de los dedos o el pene del esposo. Si sientes que esto está pasando, hay que acudir a un ginecólogo o un fisioterapeuta del suelo pélvico, para que te muestren ejercicios para estirar el himen y permitir la entrada.

Si hay infección, tanto femenina como masculina (muchas veces hay un mal olor, sensación de quemazón o heridas), o fimosis (mal movimiento de la piel que cubre el glande del pene), también habrá que acudir al médico.

Dicho esto, en general, el dolor suele estar asociado a la apertura vaginal tensa o demasiado estrecha, o a la falta de lubricación.

Estos dos motivos principales también pueden estar relacionados con la ansiedad. Muchas noches de boda son dolorosas porque hay un nivel de nervios (normal y saludable) pero que no facilita la penetración. Los recién casados, ansiosos por probar el coito, no saben todavía que la paciencia y la excitación son cruciales para esta práctica.

En general, es la mujer la que experimenta el dolor. Entonces, si ocurre durante el coito y si hay dolor, para y evalúa:

- ¿Estás relajada y en calma?
- ¿Estás lo suficientemente excitada?
- ¿Estás lo suficientemente lubricada o necesitas ayuda con la lubricación?

Si tienes miedo o ansiedad, puede ser que la musculatura de la vagina esté tensa, lo cual achica la abertura y hace más difícil la penetración. Piensa en cómo reacciona el cuerpo si tienes miedo: se encoge, contrae los hombros, los brazos y otros músculos. Pues tus genitales hacen lo mismo ante el miedo o la ansiedad. Se contraen y la abertura se hace más pequeña.

Por otro lado, si no estás excitada tanto física (la vagina se dilata y se lubrica) como mentalmente (tu mente se abre a la idea de penetración), no es recomendable probar el coito, porque tu cuerpo no está listo.

Si estás entrando en la menopausia o tienes algún desajuste hormonal, puede ser que haga falta lubricación adicional aplicada tanto al pene como a la abertura de la vagina. Tu mente puede estar lista, pero tu cuerpo necesita ayuda.

Si con todo esto aún hay dolor, lo recomendable es acudir a un fisioterapeuta del suelo pélvico (sobre todo si es muscular), un ginecólogo (sobre todo si hay infección) o a un sexólogo cristiano

Cuando tenemos miedo, el cuerpo se encoge. En la vagina puede pasar lo mismo; si hay miedo o ansiedad, la musculatura se contrae.

(si parece tema de ansiedad). Si hay dolor, el placer no se experimenta. Y la consecuencia puede ser que se empiecen a acumular experiencias negativas sobre el sexo y la intimidad. Eso mata *placentero* y puede crear distancia y problemas en el matrimonio.

Matar *placentero* (6): consumir pornografía

La pornografía merece un libro entero para detallar el daño que causa y lo lejos que está del Buen Sexo. En este epígrafe, solo compartiré un apunte clave sobre cómo la pornografía mata el *placer*. Para más información, te animo a mirar las referencias de este libro y consultar también mi página web (www.kariclewett. com), en la que encontrarás cursos, artículos del blog y más referencias para poder abordar adecuadamente este tema.

Según el diccionario, la pornografía es: *la representación explícita de contenidos sexuales con el fin de excitar la lujuria.*[6] "Excitar la lujuria". ¿Qué es la lujuria? La lujuria es: *vicio consistente en el uso ilícito o en el apetito desordenado de los deleites carnales*[7] (más tarde veremos la visión de la Biblia).

Podemos diferenciar entre el deseo sexual y la lujuria (igual que diferenciamos entre el sexo bueno y el malo). El deseo sexual (de forma innata) es bueno y algo creado por Dios, que debemos aprender a manejar como hacemos con otros impulsos. La lujuria es mala, es un apetito desordenado y una distorsión del deseo sexual. Los diseñadores de las imágenes, vídeos y películas pornográficos siempre buscan elementos que impacten los sentidos de tal manera que la persona se llene de lujuria.

Una de las muchas consecuencias nocivas de la pornografía es que condiciona o acostumbra al cerebro a una excitación rápida, fuerte e intensa.[8] Libera una respuesta dopaminérgica máxima casi sin —o directamente sin— requerir esfuerzo.[9] Lo consigue con estímulos variados: exageraciones, planos específicos, emociones guiadas, personas intercambiables, etcétera.

Tal hiperestimulación sexual provoca que luego, con el estímulo más "sencillo y real" (por ejemplo, el cónyuge), ya no se experimente la liberación de la dopamina y no se sienta el mismo deseo ni placer en el acto sexual. La esposa no puede cambiar su tamaño corporal para parecerse a la estrella del porno. El esposo no tendrá un pene como los de la pantalla ni va a decir las palabras apasionadas y conformes del guion ensayado. Los planos de cámara que provocan tanta excitación son imposibles de captar en tiempo real. La pareja de carne y hueso y las relaciones de coito no pueden inundar el cerebro de dopamina como las escenas pornográficas.

> La pornografía lleva la atención fuera del cónyuge y entumece el placer en las relaciones reales. Te educa en excitarte rápido y fuerte, no a tener paciencia para amar profundamente a alguien.

La pornografía rompe el escalón de *placentero*, porque lo asocia fuera de la pareja y lo conecta a estímulos que no son propios de la misma (tiempo de reacción, tamaño de los genitales, edad de los involucrados, número de personas, etc.). Químicamente, refuerza que uno se excite por visualización (ver a otros teniendo sexo) en vez de excitación por participación (ser parte de la relación sexual) con la pareja.[10] Algunos estilos de pornografía, además, refuerzan la respuesta de placer a prácticas que no son sanas o que son incluso denigrantes (violencia, sexo anal, insultos, prácticas peligrosas, etc.). Esto significa que hay actividades que a la persona le disgustaban o hasta le daban asco o rechazo, pero, tras ser expuesta a la pornografía de forma regular, ahora le excita o anhela probarlas.[11]

En la pornografía actual, uno puede adelantar o atrasar la imagen, cambiar de pareja con un clic, elegir las características y/o las prácticas deseadas. Todo esto sin esfuerzo. En la vida real, tienes que conectar con tu pareja, entregarte, negociar, acordar y, sobre todo, *conocer*. Eso requiere energía y amor.

Si con la pornografía el placer se consigue de una forma rápida y sin pensar, llega un momento en el que quedamos apagados y menos sensibles (¿recuerdas el efecto de la dopamina sin esfuerzo del capítulo 5?).[12] Esto afecta a cualquier persona, sea soltera o casada. No es una manera de educar ni de aprender. Jamás será una forma de aumentar el placer con tu cónyuge, porque no te entrena para conectar con tu pareja.[13] Te educa en excitarte rápido y fuerte, no en tener paciencia para amar profundamente a alguien. La pornografía entumece y te desconecta.[14]

Sobre este tema podría seguir hablando mucho más, ya que **la ciencia avala que la pornografía es dañina**,[15] pero ahora me parece importante que veamos que la Biblia también lo tiene claro:

> No cometerás adulterio. (Deuteronomio 5:18 y también Mateo 5:27, RV20)

No codiciarás la mujer de tu prójimo, ni desearás la casa de tu prójimo, ni su tierra, ni su esclavo, ni su esclava, ni su buey, ni su asno, ni cosa alguna de tu prójimo. (Deuteronomio 5:21, RV20)

La pornografía siempre será adulterio, porque lo que estás viendo no eres tú con tu cónyuge, sino otras personas. Siempre será codiciar al hijo o a la hija, al esposo o a la esposa de otra persona. Aunque no conozcas a esos actores o personajes que interpretan en la pantalla, no son tu cónyuge. Y la lujuria es la codicia; estás deseando e interactuando sexualmente con alguien con quien no tienes un matrimonio. La pornografía rompe *placentero* y puede tener consecuencias devastadoras ahora y en el futuro.

Si la pornografía ha llegado a dominar tu sexualidad, seas casado o soltero, por favor, busca acompañamiento pastoral y ayuda profesional para ser libre de ella. Hay esperanza y no tienes que seguir viviendo así. En vez de luchar contra tus impulsos, empieza a caminar hacia el Buen Sexo. Consulta el Anexo I de este libro para saber más.

> ¿Sabías que la pornografía es adulterio?

El Buen Sexo es *placentero*

El placer es un don de Dios que ha entregado a sus hijos para disfrutar de la creación. Desde el abanico de colores de un amanecer, al olor de la lavanda, al gusto de la miel, al sonido de la lluvia o el rubor de una caricia suave, nos lo ha regalado todo para nuestro deleite.

El placer sexual experimentado por los matrimonios a través de las caricias y el acercamiento genital es también un don de Dios. Está limitado al matrimonio porque es un regalo para celebrar el amor y el compromiso de uno hacia el otro y para motivar a "fructificar y multiplicar". Ese es su propósito.

No dejes que el placer desaparezca de tu matrimonio debido a las experiencias del pasado o mecanismos de defensa. No permitas que la rutina o la ansiedad te distraigan. No aceptes el dolor dentro de las relaciones sexuales, ni le des la oportunidad a la pornografía de robarte las experiencias con tu pareja. Si al leer este capítulo has reconocido la ausencia del placer, ¡no te desanimes! Al contrario, que esto sirva para motivarte a ver que Dios tiene algo mejor a tu alcance. Busca el recurso que necesitas para caminar hacia ello.

La clave para aumentar el placer en la pareja es colocarlo dentro del Buen Sexo.

Todo esto puede sonar muy teórico y hasta inalcanzable. Entonces, ¿cómo se puede traer el Buen Sexo a tu realidad para que tenga un impacto en tu día a día? De eso voy a hablar en el próximo capítulo.

EL BUEN SEXO

PARTE CUATRO
Ahora es tu turno

9
Sé un ejemplo. Dios creó el sexo, debemos ser los maestros

Todo matrimonio feliz susurra la destrucción de los poderes [demoníacos] y proclama el triunfo de Cristo.

—Ray Ortlund

Llegados a este punto, mi esperanza es que te sientas animado con la visión que Dios tiene para el sexo matrimonial. Espero haber transmitido suficiente información para ayudarte a defender la idea del Buen Sexo.

Anhelo que estas líneas inspiren a traer el Buen Sexo a tu matrimonio. Para impulsar esto, en el siguiente capítulo, "Siguientes pasos", he puesto ejercicios para que puedas dar un paso más en *conocer* a tu pareja.

Para ti, lector o lectora, espero que tener esta información te empodere en la manera en la que te relacionas con los demás y en cómo hablas del sexo y de la sexualidad.

Ser un maestro del Buen Sexo es un trabajo de toda una vida. Seas quien seas, hay formas en las que puedes glorificar a Dios y hacer visible su evangelio con tu sexualidad. No tengo el espacio ni la sabiduría para poder cubrir todo lo que uno puede hacer para cumplir este cometido, pero sí tengo dos puntos clave para andar en la dirección correcta.

1. Ser promatrimonio y el sexo matrimonial
2. Educar en el Buen Sexo:
   a. Para transformar el mundo
   b. Para resistir la tentación
   c. Para contar una historia mejor

Ser promatrimonio y el sexo matrimonial

Una mujer de 26 años dijo: "Yo no me quiero casar. Las relaciones son complicadas y no creo que sea algo que me funcione. Ya vi lo mal que les fue a mis padres y no quiero convertirme en mi madre. Total, cada uno duerme en un cuarto diferente y casi no se dirigen la palabra. Para estar así, prefiero vivir sola. Tampoco veo claro por qué uno no puede tener sexo fuera del matrimonio. Con que te cuides y lo hagas con consentimiento, pues, ya está, ¿no?".

Los adolescentes y jóvenes cristianos están cada vez menos convencidos de que el matrimonio puede ser una cosa buena, divertida, digna y un lugar seguro. Opiniones como esta surgen tras vivir el calvario de sus padres o no ver buenos ejemplos en sus círculos de influencia.

¿Cómo es tu círculo de influencia? ¿Son promatrimonio? ¿Celebran que las personas se casen? ¿Se alegran de que los matrimonios estén teniendo Buen Sexo? Como iglesia, deberíamos ser personas que celebran el matrimonio. Ortlund lo dice así:

> El evangelio, cuando se le permite causar su propio impacto natural, crea una cultura promatrimonio entre el pueblo de Dios. No es que las personas solteras sean de segunda clase, porque las personas solteras que viven para Cristo obtienen ventajas estratégicas sobre las casadas (1 Corintios 7:25-35). Pero el matrimonio revela la realidad última de una manera que la vida individual no lo hace.[1]

Estimadas personas casadas, ¿qué tipo de reflejo estás dando? ¿Las personas que ven tu matrimonio se sienten inspiradas? ¿Ven reflejado un destello del amor de Cristo por la Iglesia? Las respuestas a estas preguntas son difíciles. Me doy cuenta de que este cometido no es fácil y, como es obvio, no existe un matrimonio perfecto.

Yo misma pensaba que quedaría descalificada para hablar del matrimonio y del sexo cuando mi propio matrimonio terminó en divorcio. **Pero me doy cuenta de que aquellos cristianos que hemos fallado, fracasado y que hemos sido heridos, podemos ser los mejores defensores del ideal de Dios.**

> Yo misma pensaba que quedaría descalificada para hablar del matrimonio y del sexo cuando mi propio matrimonio terminó en divorcio.

Nosotros, los rotos, nos hemos levantado para buscar a Dios en humildad. En esa búsqueda, se nos ha encendido un anhelo profundo por *yadá*, por seguridad y por conexión. En esa búsqueda de Dios, hemos visto que hay algo mejor que nuestra realidad rota y lo hemos empezado a perseguir con esmero.

No es que lo haya alcanzado ya, ni que ya sea perfecto; sino que prosigo, por ver si logro alcanzar aquello para lo cual fui también alcanzado por Cristo Jesús.

(Filipenses 3:12, RV20)

No sé cuál es tu caso, pero lo que sí sé es que, si no eres perfecto, ¡bienvenido al club! Gracias a nuestra condición de no perfectos, estamos calificados para ser embajadores del evangelio de la gracia y dar ejemplo de ello en nuestra realidad.

Para los casados, eso significa perseguir el Buen Sexo. Es alcanzable. La forma en la que se muestran, en la que hablan y en la que se miran da testimonio.

Para la iglesia, en cuanto a celebrar el Buen Sexo, el llamado es a dar relevancia a los matrimonios y a ser promatrimonio, sean casados o solteros. ¿Cómo hablas de los casados y del matrimonio? ¿Cómo hablas del sexo, de la sexualidad y de la visión de Dios?

> Gracias a nuestra condición de no perfectos, estamos calificados para ser embajadores del evangelio de la gracia y dar ejemplo de ello en nuestra realidad.

Es imprescindible predicar con el ejemplo si queremos hacer visible quién es Dios a través de nuestro entendimiento del sexo. Nadie es perfecto y ningún individuo ni matrimonio lo será. Pero la manera en la que hablamos, vivimos y educamos sobre el sexo es una gran parte de hacer visible el regalo del Buen Sexo.

Educar en el Buen Sexo

Para aprender a educar en el Buen Sexo, lo primero es evaluar qué hemos aprendido. Detente un momento y reflexiona sobre qué es lo que te estás llevando de este libro. ¿Cómo te ha ayudado la información sobre el Buen Sexo? En serio, haz una pausa y escribe en una hoja, o aquí mismo, qué cosas te han llamado la atención o te han impactado.

1. ....

2. ....

3. ....

¿Cómo puede impactar tu vida esto que has aprendido? Ahora imagina que más personas tuvieran acceso a esta información. ¿Qué podría pasar?

Educar en el Buen Sexo: para transformar el mundo

Una de mis metas es **devolver el Buen Sexo a la iglesia, rompiendo la ignorancia y manteniendo la inocencia.** He visto demasiados casos de abuso, de confusión y de matrimonios descontentos. No quiero que nada ni nadie más nos sea robado.

Si más personas están hablando del Buen Sexo y de relaciones sanas, más matrimonios estarán reflejando un destello de lo que es el amor de Cristo. Eso podría provocar:

- Matrimonios más saludables y estables
- Padres con información verdadera sobre el sexo para transmitir a sus hijos
- Niños que nacen en familias estables
- Niños con herramientas de prevención contra el abuso
- Menos consumo de pornografía, porque hay entendimiento del daño desde la juventud
- Jóvenes firmes en su integridad sexual

- Solteros valientes en decidir vivir en abstinencia sexual
- Personas que pueden acudir a la iglesia como una fuente de verdad y un lugar seguro en temas sexuales para recibir educación y restauración

¿Qué cosas añadirías a la lista?

-
-
-

Educar en el Buen Sexo: para resistir la tentación

Sé que la educación en el Buen Sexo no va a solucionar todos los problemas del mundo, pero podrá aliviar muchos de ellos. He hablado mucho sobre cómo fortalecer los matrimonios. Antes de acabar, quiero hablar acerca de cómo la educación en el Buen Sexo puede ayudarnos a resistir la tentación o resistir entrar en el sexo malo. Déjame explicarlo usando la siguiente metáfora.

Actualmente hay dos grandes sistemas operativos de telefonía móvil: iOS y Android. Normalmente, la gente que utiliza uno no quiere cambiar de bando. Entonces, imagina que eres fan de iOS y estás ahorrando dinero para comprar el nuevo modelo de iPhone cuando salga.

¿Qué pasaría si, de repente, Samsung tuviera una oferta en su último modelo de un 40 % de descuento por unidad? ¿Te interesa? Pues si quieres un iPhone, ¡no! No te interesa. Prefieres esperar por el iPhone. Aunque aumenten el descuento, seguirá sin interesarte. No importa lo tentadora que sea la oferta de Samsung. Si quieres un iPhone, ¡ni siquiera la vas a mirar! **Sabes lo que quieres y esto es tan valioso y especial para ti que serás capaz de evitar cualquier tentación que venga por delante.**

Esto mismo puede pasar con temas sexuales. Si entendemos el Buen Sexo y todo lo que abarca, nos será mucho más fácil evitar las tentaciones.

Si el *individuo* (sea soltero o casado) conociera sobre el sexo divino, podría entender los límites que Dios ha establecido y verlos como una protección que abrazar.

> Si sabes lo que quieres, será más fácil evitar cualquier tentación que venga.

Si el *matrimonio* aprendiera sobre el Buen Sexo y persiguiera este don que Dios le ha entregado, sería más fuerte y estable.

Si la *iglesia* compartiera y enseñara sobre el Buen Sexo, habría claridad y podríamos ofrecernos como una fuente de la verdad, lo cual evitaría que la gente busque respuestas en lugares equivocados.

Las *personas* sabrían lo bello y también lo feo del sexo para guiar sus decisiones. Serían maestras del Buen Sexo.

Para que esto sea una realidad, hace falta que seas parte. Piensa en tres personas que necesitan saber más sobre el Buen Sexo y apunta sus nombres aquí:

1. ....

2. ....

3. ....

Piensa en cómo puedes ayudar a que estas personas tengan acceso a la información sobre el Buen Sexo. ¿Quieres formar un grupo de lectura con ellos? ¿Quieres dar un taller en tu iglesia? ¿Quieres invitar a un profesional del equipo del Buen Sexo a tu comunidad? ¿Quieres regalarles el libro para que puedan leerlo?

Sea como sea, ¡no dejes pasar la oportunidad de permitir que otros también sean maestros del Buen Sexo! Apunta al lado de cada nombre el paso de acción que quieres hacer para compartir con ellos algo sobre este tema.

Educar en el Buen Sexo: para contar una historia mejor

Al conocer lo que Dios ha creado, podemos pasar nuestro tiempo persiguiendo lo verdadero con motivación e ilusión en vez de meramente intentar evitar las prohibiciones. **Educar sobre el sexo o cualquier otro asunto, basándose solo en la prohibición, no es eficaz.**

Si alguien te dijera: "No pienses en un oso panda con rayas de cebra, ¡te lo prohíbo!", por mucho que te lo prohibiera, al mencionarlo te vendría la imagen a la mente. Seguramente, ahora mismo tu mente ya está intentando ponerle rayas al oso blanquinegro.

Enfócate en lo que motiva, no en la prohibición.

Demasiadas veces, dentro de la iglesia, la educación sobre el sexo se ha enfocado en lo que no se debe hacer, lo cual produce personas curiosas sobre las prohibiciones y sobre lo que se están perdiendo en vez del don divino. Muchas de ellas acaban por alejarse de la iglesia y de Dios por temas relacionados.

¿Y si le damos la vuelta? Si hablamos de la belleza del Buen Sexo y de lo que Dios ha creado de tal forma que lo expresamos con verdadero atractivo, ¿puede ser que empecemos a centrarnos y a enfocarnos en lo bueno? Yo creo que sí.

Si Dios lo creó, nosotros debemos ser los maestros

Como iglesia, tenemos el llamado de ser embajadores del mensaje de Dios. Yo creo que Dios tiene un mensaje sobre el sexo que debemos compartir. Nuestra sociedad está dolida; los aspectos sexuales de nuestro mundo, confundidos. El matrimonio, específicamente, tiene el privilegio de hacer visible, de alguna manera, algunos aspectos del gran misterio del evangelio. ¿Qué podría pasar si, en vez de tratarlo como un tabú, nosotros empezamos a educar en el Buen Sexo?

Imagina que las personas acuden a la iglesia porque allí hay directrices para tener un Buen Sexo. Allí las personas se casan y empiezan matrimonios en los que se conocen, se aman y se respetan. Imagina un mundo en el que las parejas casadas disfrutan de su intimidad, de sus relaciones genitales y tienen el mejor sexo, que desde ese lugar nacen los hijos. Imagina que los hijos crecen sin confusión, siendo amados y educados en el Buen Sexo. Ellos se convierten en jóvenes firmes en su integridad sexual, que deciden vivir su soltería en abstinencia como una forma de honrar a Dios. Imagina una iglesia que entiende que, si Dios creó el sexo, nosotros, sus hijos, debemos ser los maestros.

Ahora es tiempo de dejar de imaginar y empezar a caminar en ello. Tú ya tienes información sobre el Buen Sexo. ¿Cuál es tu siguiente paso?

10

Siguientes pasos

Mi esperanza es que, al leer este libro, no te quedes en lo teórico, sino que te inspire a seguir indagando, estudiando, descubriendo y viviendo en lo que Dios ha ideado para ti, además de compartirlo con otros. Por eso quiero abrir este pequeño espacio para darte algunas ideas de los siguientes pasos.

Recursos

En primer lugar, te he preparado una pequeña muestra de recursos como cursos, libros y artículos del blog, además de un enlace para solicitar terapia con profesionales cristianos.

https://libros.kariclewett.com/rg-lbs

Este es un punto de partida. Te animo a escoger algún pódcast o artículo del blog para empezar la conversación con tu pareja, con tus amigos, familiares o grupo pequeño, y para seguir hablando y traer más revelación sobre estos temas. Crea un grupo pequeño para hablar del Buen Sexo, usando el libro u otros recursos. ¡Procesa con tu comunidad y expande el mensaje!

Tampoco te limites a esta lista, recuerda que probablemente en tu iglesia puedas encontrar más recursos e ideas.

Por otro lado, quiero darte una pincelada de lo que es trabajar de forma intencional en estos temas. Para ello, he preparado algunos de los ejercicios que realizo en consulta, tanto para todos los públicos como para los casados, para que puedas seguir aprendiendo.

Ejercicios prácticos para todos
Sexo bueno, sexo malo

En este ejercicio puedes verificar cómo ves la palabra "sexo" o si la sabes diferenciar. No lo pienses demasiado, déjate llevar en esta primera parte y responde lo primero que se te ocurra. Sería ideal rellenar la parte 1 antes de leer el libro y luego volver a ella de nuevo al acabarlo. (En principio, habrás rellenado la parte 1 mientras leías el capítulo 1, pero aquí está el ejercicio completo, por si lo quieres usar fuera del libro o con otras personas).

Parte 1: El sexo

1. Cuándo piensas en la palabra "sexo" y el acto o el comportamiento, ¿qué te viene a la mente?

a. ¿Qué significa para ti?

b. ¿Qué comportamientos incluye? ¿Hay algunos que quedan estrictamente excluidos?

c. ¿Qué emoción te hace sentir la palabra "sexo"?

d. ¿A qué palabras o cosas lo asocias?

Una vez que tengas esta lista, vuelve a mirarla y fíjate en si lo que aparece es positivo, negativo, neutro o una mezcla. Puedes usar colores diferentes para subrayar y diferenciar lo positivo de lo negativo.

Parte 2: Sexo bueno, sexo malo

Vuelve a consultar las respuestas que completaste en el capítulo 1 sobre el sexo. Ahora, rellena las dos columnas usando la información que has aprendido en este libro.

Sexo bueno	Sexo malo
Desde la perspectiva de Dios, ¿qué función tiene el sexo bueno? ¿Para qué sirve?	¿Qué función tiene el sexo malo? ¿Para qué sirve?
¿Cómo crees que deberíamos sentirnos física y emocionalmente si estamos teniendo el sexo tal y como Dios lo ha ideado?	¿Cómo crees que deberíamos sentirnos física y emocionalmente si estamos teniendo sexo malo?

¿Cómo crees que se debería sentir tu esposa o esposo en esos actos íntimos y sexuales si se están haciendo tal y como Dios los ha ideado?

¿Cómo crees que se podría sentir tu cónyuge en esos actos íntimos y sexuales si se están haciendo en un sexo malo?

¿Qué serían actos de integridad sexual para ti en estos momentos (piensa en la temporada en la que estás: con hijos, en la soltería, en etapa de menopausia, etcétera)?

¿Qué cosas están en la lista de sexo malo para ti en esta época de tu vida?

Con esto en mente, intenta identificar el Buen Sexo, y que esa definición e idea te ayude a tomar las decisiones que necesitas para la etapa en la que estés.

Puedes usar la lista de la **parte 2: el sexo bueno**, para leerla a diario o compartirla con tu pareja. También la puedes llevar a tus mentores o a tu terapeuta para que te ayuden a integrar la lista del Buen Sexo en tu día a día.

La meta es diferenciar el sexo bueno del malo y, al enfocarte en el bueno, que eso te motive en las decisiones que tomes a diario.

Ejercicios prácticos para casados

Antes de realizar los siguientes ejercicios, es importante recalcar que son para ti si tu matrimonio está en modo estable. Si la relación estuviera en crisis, estas preguntas podrían detonar una discusión o provocar más dolor, porque resaltarían lo que no está funcionando. En este caso, *busca una ayuda más directiva primero* (consulta el Anexo I). Luego, una vez estabilizada tu relación, vuelve aquí.

Mantener un matrimonio saludable hoy en día no es fácil. Es más, hay muchas ideas y vertientes que van en contra de la idea divina del matrimonio. No sé tú, pero yo siento que en nuestros tiempos es más fácil divorciarse que casarse y más fácil convivir que decir "Sí, quiero".

El mero hecho de que estés leyendo este libro sobre el Buen Sexo y el marco matrimonial significa que vas contra la corriente de la cultura actual. En la siguiente sección te voy a dar una lista con diferentes preguntas que puedes realizar con tu pareja para conocerla un poco más.

Si tienes una relación buena con tu pareja, siéntate a su lado con un café o tu bebida favorita y realiza los ejercicios de uno en uno. Pasa al siguiente ejercicio solo cuando os sintáis seguros y escuchados, ya que cada sección es más íntima y vulnerable que la anterior.

El Buen Sexo es *íntimo*

Conocer más a tu pareja

Intimidad emocional (general):

- En la actualidad, ¿hay algo que tienes por delante que te motiva o te hace ilusión?
- ¿Qué es algo que, en estos tiempos, te da miedo o te preocupa?
- ¿Dónde ves la mano de Dios moviéndose en tu vida en esta etapa?

Intimidad relacional:

- ¿Cómo puedo hacerte sentir que estoy de tu parte y que te estoy escuchando?
- ¿Qué es algo que admiras de mí en estos últimos tiempos?
- ¿Cómo te puedo ayudar cuando estés con ansiedad?
- ¿Qué cosas podríamos hacer a diario que para ti serían conectar de forma íntima (no genital)?

Pruébalo:

Recuerda la primera parte de la regla de oro: intimidad a diario. Sería bueno intentar apartar 5 minutos, un día a la semana, para estar encerrados en la habitación y simplemente charlar o estar abrazados. Cuando esto se haya convertido en un hábito, se puede aumentar la duración y/o la frecuencia.

El Buen Sexo es *mutuo y consentido*

Conocer que somos diferentes

- ¿Qué podría decir o hacer que te haga sentir amado?
- ¿Qué puedo hacer o decir que te haga sentir como mi prioridad?
- Describe cómo sería una cita perfecta en estos momentos de nuestra vida.
- Cuando no tengo ganas de algo que me propones, ¿cómo te lo podría comunicar sin herir tus sentimientos?

Pruébalo:

Apunta los elementos que le harían sentir amado o como prioridad. Ponte una alarma o prográmate para poder realizarlos al menos una vez a la semana. El hecho de que esté programado no pierde valor, sino que lo aumenta, porque ahora estás siendo intencional para cumplir con un deseo de tu pareja.

El Buen Sexo es *placentero*

Conocer a nivel de sexo genital

· De las cosas que hemos hecho en el pasado, ¿qué recuerdas que te haya gustado mucho?

· ¿Qué sientes que te podría ayudar para estar relajado antes de tener relaciones genitales?

· ¿Qué diferencias ves entre nosotros a nivel genital sexual? ¿Qué parecidos ves?

· En un próximo encuentro genital, ¿cómo podría hacer para iniciarlo? ¿Qué te gustaría que dijera o dónde te gustaría que te tocara?

· ¿Cómo sería un encuentro genital sexual ideal para esta época de nuestras vidas?

· ¿Cuál es tu recuerdo favorito de un encuentro genital que hayamos tenido?

Pruébalo:

Sois diferentes. Si eres el miembro de la pareja con mayor deseo, memoriza lo que la otra persona te ha dicho sobre cómo ayudarle a relajarse y empieza a crear el ambiente. Asegúrate de que no estás presionando a tu pareja, sino que estás creando un espacio a diario para conectar de forma no genital. Cuando llegue un momento más genital, estarás preparado para ayudarle a relajarse con el objetivo de llegar a experimentar placer.

Si eres el miembro de la pareja con menor deseo, memoriza lo que te ha dicho la otra persona sobre cómo poder iniciar una relación genital. Un consejo: si vas a rechazar su iniciativa, ofrece una alternativa. Un día en el que te estés sintiendo especial y prioritario, usa esta información para sorprender e iniciar tú una relación genital. Seguro que tu pareja se va a sentir honrada y estimada.

Te habrás dado cuenta de que no he incluido preguntas en dirección negativa, tipo: ¿qué es algo que no te gusta?, ¿en qué puedo mejorar?, etc. Estas preguntas también son importantes, pero requieren un nivel más profundo de intimidad. Si estas primeras van bien y la otra persona se siente escuchada y segura, puedes realizar las preguntas contrarias a estas para tratar con algunos temas que hay que trabajar como pareja.

Lo fundamental es abrir la conversación y empezar a indagar, y ser curioso el uno sobre el otro. Recuerda que el ser humano es cambiante y adaptativo. Tu pareja quizás piensa algo diferente ahora que de recién casada. Eso está bien. Pregunta, indaga y descubre.

¡Disfrutad del Buen Sexo!

Pedir ayuda

El hecho de que Dios haya creado algo tan poderoso significa que el sexo, bien usado, puede restaurar, sanar, unir, proteger, sellar y una infinidad de bendiciones más. También significa que, al ser tan poderoso, si fuera mal usado podría hacer mucho daño.

Al leer este libro, si te has visto reflejado en algunos de los ejemplos o te has dado cuenta de algunas áreas que estén dañadas, quiero decirte que nunca es tarde para pedir ayuda. Sea que ya hayas pasado por un proceso de acompañamiento o terapia o que te lo estés planteando por primera vez, quiero darte unas palabras de ánimo y brindarte algunas ideas para saber escoger el tipo de ayuda más beneficiosa, además de proporcionarte acceso a algunos recursos.

Nunca es tarde

Puede parecer simplista, pero lo primero es decir que nunca es tarde para pedir ayuda. Hay personas que ya han pasado por un par de profesionales o que están desanimadas porque sienten que nadie las entiende. Mi consejo es: después de orar y entregarlo a Dios, llama a una nueva puerta.

Es importante no ir rebotando entre profesionales y mentores, ni tampoco tener 4 o 5 profesionales a la vez, ya que cada uno tendrá su sistema y sus ejercicios. Después de haber orado y de haberle pedido sabiduría a Dios, persigue un camino. Una vez elegido, haz por lo menos 4 o 5 sesiones antes de llamar a una nueva puerta. Muchas veces, justo cuando estamos en medio del ajuste o del cambio, abandonamos porque, o se pone difícil, o parece que todo va bien y no queremos seguir invirtiendo ese tiempo y dinero.

Si no tienes clara tu necesidad de ayuda, pero conoces buenos profesionales, pastores o mentores, puedes realizar una sesión de mantenimiento con ellos para procesar. Es mejor ir y averiguar que no lo necesitas, en vez de hacerte el fuerte y años más tarde acudir con una afectación más complicada.

¿Qué tipo de ayuda necesitas?

Hay muchas personas formadas que dedican su vida a ayudar a los demás, desde el pastor y los líderes de la iglesia, pasando por consejeros bíblicos, *coaches*, psicólogos, médicos y mentores. Hay muchas vías de ayuda, así que deberías evaluar cuál es el tipo que tú necesitas.

Si tu presupuesto te limita, puedes acudir a recursos digitales como cursos y blogs (usa el QR en el capítulo 10 de recursos), y también puedes buscar una ayuda más personalizada con tus pastores o líderes dentro de la iglesia.

Además, algunas iglesias tienen un servicio de consejería que ofrece visitas de forma gratuita o de bajo coste. Este puede ser un buen primer paso para tener un punto de contacto.

Dicho esto, habrá situaciones que requieran una ayuda más especializada, lo cual suele implicar una inversión económica. Por favor, **¡prioriza tu salud!** Sé que puede ser difícil pagar por hablar con alguien, pero solemos ser capaces de gastar la misma cantidad de dinero en nuestro ocio o en otras cosas. Revisa reducir un tiempo ciertos gastos extra para poder invertir en tu salud.

Si hay cuestiones de adicciones, abuso, violencia, infidelidad o disfunción sexual, se suele requerir la intervención de una persona especialista en el tema. Depende de la afectación, puede que necesites un profesional diferente. Pongo algunos ejemplos al lado del tipo de profesional:

- Psicólogo: ansiedad, depresión, pensamiento distorsionado, abuso sexual, adicciones varias, desconexión con la intimidad.

- Sexólogo: problemática sexual, adicción a la pornografía, adicción al sexo, bajo deseo, ausencia de orgasmo, disfunción sexual, desconexión con el placer.

- Terapeuta de pareja: divorcio, infidelidad, problemas de comunicación en la pareja, imposibilidad de llegar a acuerdos, dificultad para hablar del sexo o de la sexualidad juntos.

- Terapeuta familiar: problemas con los hijos, necesidad de sanidad familiar.

- Educador sexual: temas de prevención o educación en sexualidad, cómo hablar de sexo con los hijos.

- Médico: infecciones, enfermedades de transmisión sexual.

- Fisioterapeuta (suelo pélvico u otro): vaginismo, dolor en la penetración, prolapso, embarazo, incontinencia urinaria.

- Ginecólogo: embarazo, dolor menstrual, infecciones.

- Urólogo: infección, fimosis, dolor en el pene.

- Consejero bíblico: acompañamiento en la situación que estás viviendo, junto con consejos y referencias bíblicas.

- Pastores o líderes de la iglesia: ayuda en oración, verificación de la teología de tu congregación, apoyo en la situación que estás viviendo.

- Policía: en casos de situaciones de violencia o abuso que estén teniendo lugar actualmente.

En todo caso, es importante que hagas alguna pregunta para asegurarte de que estás siendo atendido por alguien que comparta tus valores. (En el caso de violencia o abuso en la actualidad, no hace falta que compartan tus valores, sino que conozcan y sigan las leyes actuales sobre el tema).

¿Cómo me aseguro de que son buenos?

A la hora de buscar cualquier tipo de ayuda, es importante que averigües quién es la persona que te atenderá y cuál es la filosofía que le empuja. Sea un recurso digital o personal, haz un poco de investigación si no lo conoces con anterioridad.

Si es alguien de tu iglesia y no tienes claro si se trata de una persona de confianza, puedes empezar compartiendo algo menos vulnerable para ver cómo se comporta y cómo te sientes. Entonces, puedes abrirte cada vez más si se muestra una persona fiable.

(Con persona fiable me refiero a que no use la información para dañarte y que sus consejos estén alineados con la Biblia).

Si tienes una necesidad más específica, acude a un profesional. Y no dudes en preguntar si tiene experiencia en ese tema. Ejemplo: "¿Has trabajado alguna vez con casos de infidelidad (o abuso o consumo de pornografía)? En caso afirmativo, ¿cuál es el procedimiento con el que trabajas?".

Hay que saber que, en algunas instancias, para conseguir la respuesta a tal pregunta, tendrás que pagar una primera sesión. Pero puede valer la pena para tener las respuestas y saber si quieres seguir invirtiendo en ese recurso. La mayoría de los profesionales especializados tendrán información en sus redes o en su página web sobre su especialidad y podrás empezar por ahí.

¡Bandera roja!

Si en cualquier momento, por cualquier motivo, te encuentras con profesionales o recursos que recomiendan la pornografía, ¡sal corriendo! Significa que no han estudiado lo suficiente como para saber los efectos dañinos que provoca. La pornografía jamás va a sanar o a restaurar ni tu sexualidad ni tu matrimonio.

Habla con tu pareja

Si estás casado y al leer este libro se han despertado en ti ciertas emociones negativas, es recomendable hablar con tu cónyuge siempre que sea un lugar seguro (tu relación no está en crisis, ni corres peligro de abuso o violencia). Como dije en la introducción, lo ideal es que puedas leer este libro junto a tu pareja para ir comentando y trabajando *in situ*, facilitando que uno no le tenga que enseñar al otro. Úsalo para abrir conversaciones y comentar sobre las áreas donde quieres trabajar. Utiliza el apartado de "Siguientes pasos" para realizar ejercicios prácticos y fortalecer así la relación.

https://kariclewett.com/agendar-terapia

Si tu matrimonio está en crisis, por favor, ¡pide ayuda! Seguramente haga falta un apoyo de alguien cercano (pastores, líderes, amigos), además de un profesional especializado en terapia de pareja o sexología que esté alineado con tus valores. Usa el QR para agendar una sesión con mi equipo.

Si eres cristiano, recomiendo que trabajes con un profesional cristiano, ya que, en temas de matrimonio y sexualidad, los valores juegan un rol importante en la visión de la pareja y el sexo.

No dejes de buscar ayuda

Las relaciones sexuales pueden sanar y pueden dañar, pueden restaurar y pueden destruir. Son algo tan maravilloso que su mal uso crea heridas profundas. Por eso, en temas de sexo y sexualidad, hagamos que dejen de ser tabúes y que cada uno pueda encontrar la ayuda que necesite. Gracias por leer hasta aquí y, por favor, si lo necesitas, llama a una nueva puerta. Consigue la ayuda que necesitas para poder caminar hacia el Buen Sexo.

Agradecimientos

Quiero empezar dándole gracias a Dios, ya que todo lo que está en este libro es producto de la inspiración y la revelación que he recibido de él.

Gracias a las muchas personas que me han animado a escribir desde hace años. Si no hubiera sido por vuestras voces en mi cabeza, animándome en cada momento, no creo que hubiera llegado hasta aquí.

Gracias al equipo del Buen Sexo (Rebecca, Keila y Alejandra) por leer, editar y añadir puntos y frases acertadas para completar esta obra. Y no solo eso, sino por ayudar a llevar la carga del resto de la empresa mientras yo escribía. ¡Nuestra fuerza está en el equipo!

Gracias a la editorial Andamio que confió en mí como autora primeriza y que me sostuvo de la mano en cada paso. En especial, quiero agradecer a Javy, quien fue mi punto de contacto, y a Sarai, por sus ediciones y comentarios. Gracias también al Grupo de Psicólogos Evangélicos, que me apoyaron en este viaje, y en especial a Lidia Martín, por animarme a escribir este libro como el primero dentro de una visión de muchas más.

Gracias a mi padre, Curtis Clewett, por editar con tanto cariño cada palabra y cada frase. Gracias también por tus consejos y por tu sabiduría en el mundo editorial. No lo podría haber hecho sin ti.

Gracias a Livi, Ana, Sergio, Matías, Elisha, Fabi, Cornelia Hernández y Francisco Mira, por leer el libro en tiempo récord para ayudarme a conseguir el tono que quería y que el mensaje se entendiera.

Gracias también a JCUM Barcelona por ser comunidad conmigo mientras escribía y por liberarme de ciertas responsabilidades para tener más espacio físico y mental para ver nacer este proyecto.

Como ves, creo firmemente en la necesidad de la comunidad para que los sueños se hagan realidad. Este libro y todas las personas que hay detrás son prueba de ello.

Y, como no, gracias a ti, querido lector o lectora, por llegar hasta aquí y por interesarte en el Buen Sexo. Dios creó el sexo, y es nuestra labor ser los maestros y enseñar a otros. Que nuestro Dios y Padre nos guíe en cada paso.

Notas

Capítulo 1. Sexo y Dios en la misma frase

1. Philip Yancey, *Rumores de otro mundo. ¿Qué nos estamos perdiendo en la tierra?* (Editorial Vida, 2005), 78. Esta cita la leí en el libro de Jonathan Hanley, *Sexo y deseo* (Andamio Editorial, 2019), 12.

2. Sheila Gregoire, *The Great Sex Rescue* (Baker Books, 2021).

3. Ray Ortlund, *El matrimonio y el misterio del Evangelio* (Proyecto Nehemías, 2022), 84.

4. Woet L. Gianotten, Jenna C. Alley y Lisa M. Diamond, "The Health Benefits of Sexual Expression". *International Journal of Sexual Health* 33(4), (25 de septiembre de 2021), 478-493. https://doi.org/10.1080/19317611.2021.1966564.

Capítulo 2. En el principio Dios creó un ser humano hambriento de intimidad

1. Walter Trobisch, *Me casé contigo* (Ediciones Sígueme, 1966), 33.

2. Definición adquirida gracias al diccionario *Strong's*, sumado a conversaciones con estudiosos judíos mesiánicos en un viaje a Israel.

3. https://www.bibliatodo.com/diccionario-strong/hebreo/7901, consultado 15/03/24.

Capítulo 3. Si lo descuidas, se rompe.
La *intimidad* como fundamento

1. John Gottman y Nan Silver, *Siete reglas de oro para vivir en pareja* (Penguin Random House Group Editorial - Debolsillo, 5.ª ed., 2014; 6.ª reimp., 2019), 35.

2. Ibíd., 39.

Capítulo 4. El sexo es cosa de hombres o de mujeres

1. David Instone-Brewer, *Divorce and Remarriage in the Church* (InterVarsity Press, 2006), 73.

2. Ibíd., 72.

3. Ibíd., 71-72.

4. Ibíd.

5. Ibíd., 35.

6. Gregoire, Sheila Wray y otros, *The Great Sex Rescue* (Baker Books, 2021).

7. https://brenebrown.com/podcast/brene-on-comparative-suffering-the-50-50-myth-and-settling-the-ball/. *Marriage is never 50/50.*

8. Timothy Keller, *El significado del matrimonio* (Andamio Editorial, 2014), 62.

Capítulo 5. La química del sexo y del orgasmo

1. Stephen Moorey y Mark Kastleman, *The Pornography Paradox* (InnerLight Solutions, 2019), 43.

2. El "tunnel vision" es un término que describe el momento en que desaparecen las distracciones y tu visión o atención se centra en un punto, como cuando vas por un túnel y solo te enfocas en la luz del final.

3. Andrew Huberman habla de forma extensa sobre el sistema dopaminérgico en el que quedan reflejados algunos efectos de la dopamina.

4. Pódcast Jordan Peterson y Andrew Huberman, https://www.youtube.com/watch?v=z-mJEZbHFLs.

5. Ibíd.

6. Andrew Huberman, https://www.youtube.com/watch?v=ntfcfJ28eiU, 1:08:20.

7. Ibíd., 1:09:15.

8. Stephen Moorey y Mark Kastleman, *The Pornography Paradox* (InnerLight Solutions, 2019), 43.

9. Dr. Page Bailey, citado en Stephen Moorey y Mark Kastleman, *The Pornography Paradox* (InnerLight Solutions, 2019), 42-43.

10. https://dle.rae.es/orgasmo?m=form.

Capítulo 6. El egoísmo en el sexo, que rompe lo *mutuo y consentido*

1. Roy Jerome Levin, "Sexual activity, health and well-being – the beneficial roles of coitus and masturbation". *Sexual and Relationship Therapy* 22(1) (2007), 135-148. doi:10.1080/14681990601149197.

2. Ibíd.

3. Andrew Huberman, https://www.youtube.com/watch?v=z-mJEZbHFLs.

4. Sheila Wray Gregoire, *The Great Sex Rescue* (Baker Books, 2021), 41-44.

5. D. Kammerer-Doak y R. G. Rogers, "Female Sexual Function and Dysfunction". *Obstetrics and Gynecology Clinics of North America* 35(2) (2008), 169-183. doi:10.1016/j.ogc.2008.03.006.

6. La doctora Jannell Howell (en redes conocida como Vagina Rehab Doctor) realiza estudios y sesiones en las que usa sonidos y ruidos para reducir el dolor en la penetración para mujeres con vaginismo o dispareunia.

7. Dra. Cornelia Hernández de Matos, *Puro sexo puro* (Editorial Vida, 2022).

8. Ibíd., 117.

Capítulo 7. El placer y la creatividad en el sexo son de Dios

1. Gary Chapman, *Los 5 lenguajes del amor* (Editorial Unilit, 2017).

2. Helen O'Connell, Sanjeevan Kalavampara V. y John M. Hutson, "Anatomy of the clitoris". *The Journal of urology* 174.4 (2005), 1189-1195.

3. Georga Jane Longhurst y otros, "Beyond the tip of the iceberg: A meta-analysis of the anatomy of the clitoris". *Clinical Anatomy* 37.2 (2024), 233-252.

4. Helen O'Connell, Sanjeevan Kalavampara V. y John M. Hutson, "Anatomy of the clitoris". *The Journal of urology* 174.4 (2005), 1189-1195.

Capítulo 8. Quedarte sin placer en el sexo es desviarte del plan de Dios

1. Barry R. Komisaruk y María Cruz Rodríguez del Cerro, "Orgasm and related disorders depend on neural inhibition combined with neural excitation". *Sexual medicine reviews* 10.4 (2022), 481-492.

2. Marta Meana, "Elucidating Women's (hetero) Sexual Desire: Definitional Challenges and Content Expansion". *The Journal of Sex Research* 47(2-3) (2010), 104-122, doi: 10.1080/00224490903402546.

3. Rosemary Basson, "Are our definitions of women's desire, arousal and sexual pain disorders too broad and our definition of orgasmic disorder too narrow?". *Journal of Sex & Marital Therapy* 28(4) (2002), 289-300. doi: 10.1080/00926230290001411.

4. D. Kammerer-Doak y R. G. Rogers, "Female Sexual Function and Dysfunction". *Obstetrics and Gynecology Clinics of North America* 35(2) (2008), 169-183. doi:10.1016/j.ogc.2008.03.006.

5. Ed Wheat y Gaye Wheat, *Intended for Pleasure* (Revell, 2010), 123.

6. https://dle.rae.es/pornograf%C3%ADa.

7. https://www.bibliatodo.com/Diccionario-biblico/lujuria.

8. https://es.fightthenewdrug.org/por-que-puede-ser-dificil-dejar-la-porno grafia/.

9. https://es.fightthenewdrug.org/como-la-pornografia-puede-afectar-al-cere bro-como-una-droga/.

10. Pódcast Jordan Peterson y Andrew Huberman, https://www.youtube. com/watch?v=z-mJEZbHFLs.

11. https://es.fightthenewdrug.org/como-la-pornografia-puede-convertirse-en-un-comportamiento-que-escala/.

12. https://es.fightthenewdrug.org/como-la-pornografia-puede-distorsionar-la-comprension-de-los-consumidores-sobre-el-sexo-saludable/.

13. https://es.fightthenewdrug.org/como-la-pornografia-puede-herir-a-la-pareja-del-consumidor/.

14. https://es.fightthenewdrug.org/como-la-pornografia-puede-afectar-negativamente-al-amor-y-la-intimidad/.

15. https://es.fightthenewdrug.org/conoce-los-hechos/.

Capítulo 9. Sé un ejemplo. Dios creó el sexo, debemos ser los maestros

1. Ray Ortlund, p. 94.

TODAVÍA MÁS

www.andamioeditorial.com/elbuensexo

andamio

Libros para tu vida

 @andamioeditorial

X @andamio_edita

La **misión** de Andamio es publicar y difundir literatura que, desde una perspectiva bíblica, contribuya al desarrollo integral de la persona, la iglesia y a la transformación de la sociedad.

Somos la editorial de los **Grupos Bíblicos Unidos** (GBU) y nacimos en 1987. Los GBU iniciaron su camino en el mundo de la literatura cuando un grupo de estudiantes universitarios puso en marcha (1974) una revista muy sencilla a nivel de producción, pero muy rica en contenidos. Desde ese comienzo un tanto "inesperado", con pocos recursos pero con muchas ganas, hemos ido creciendo hasta el día de hoy.

Andamio ha sido y es el resultado del trabajo y **colaboración de muchas personas**, unido a la **ayuda de Dios** a lo largo de todo este camino.

portafolioandamio.com
andamioeditorial.com

COLOFÓN

andamio editorial

Alts Forns n.º 68, sót. 1.º
08038 Barcelona. España
Tel. (+34) 93 432 25 23

libros@andamioeditorial.com
www.andamioeditorial.com

Andamio es la editorial de los Grupos Bíblicos Unidos en España, que a su vez es miembro del movimiento estudiantil evangélico a nivel internacional (IFES), cuya misión es hacer discípulos y promover el testimonio de Jesús en los institutos, universidades y centros de trabajo.

psicologosevangelicos@gbunidos.es

El Grupo de Psicólogos Evangélicos (GPE) aglutina a diferentes profesionales del ámbito de la psicología clínica y sociosanitaria, educativa, de la psicología aplicada al ámbito empresarial y del coaching o de la psicología social. Uno de sus principales objetivos es crear un espacio de intercambio de ideas, experiencias, proyectos y preocupaciones, sobre temas vinculados a la psicología y siempre desde la perspectiva de la fe cristiana.

CORRECCIÓN
Fernando Plou Fernández

DISEÑO DE CUBIERTA
Latido Creativo

ILUSTRACIONES
Keila Elm

MAQUETACIÓN
Andressa Rosa de Oliveira

DEPÓSITO LEGAL
B. 16355-2024

ISBN
978-84-10166-22-6

IMPRESO EN ULZAMA
IMPRESO EN ESPAÑA

El Buen Sexo
© Kari Clewett, 2024

© ANDAMIO EDITORIAL, 2024
1.ª EDICIÓN REV. AGOSTO 2024

184 PÁGINAS PARA SEGUIR
DESARROLLANDO TU VIDA
CON OTRO LIBRO ANDAMIO